로컬 라이프스타일을 제안하다

로컬 라이프스타일을 제안하다

힙한 동네, 마을, 시골 이야기

Local Lifestyle

정성욱 지음

프롤로그

잃어버린 인간다운 삶을 찾아가는 탐구 여정

　서구 선진국들은 경쟁, 노력, 신분 중심의 물질주의 단계를 거쳐
경제 성장을 이룬 뒤 자기표현의 시대인 '탈물질주의'로 전환하게
됐다. 탈물질주의는 경쟁, 노력, 신분 등을 중시하는 기존 사회와
는 달리 개인의 삶을 존중하며 다양성과 개성을 우선시하는 가치
를 추구하는 사회 변화를 말한다. 이러한 변화의 배경에는 서구 선
진국의 젊은이들의 반전운동, 반문화운동 등 혼란과 갈등으로부터
출발했다. 미국은 베트남전쟁을 치르던 1965년 당시 징병제였다.
징집에 저항하던 젊은이들이 기존 사회질서에 반기를 들고 평화와
자유를 외치며 물질적 가치가 아니라 인간성 회복을 주장한 것이
반전 평화운동으로 확산한 것이다.
　탈물질주의는 물질적인 풍요로 인한 만족감이 한계에 다다른
결과이며 자기실현과 진정한 행복을 추구하는 시대적 필요성에서

비롯됐다. 이들의 저항정신이 록 음악을 비롯해 패션과 예술 등 다양한 분야에서 표출됐고 사회에 큰 변화를 일으켰다.

탈물질주의의 다양성과 예술성은 기존 산업에 한정되지 않고 리테일과 메이커 산업으로도 확대되고 있다. 이는 단순히 물질적인 생산물에 의존하지 않고 창의력과 혁신을 중시하는 경향을 반영한다. 소비자들은 단순히 제품을 구매하는 것에만 관심을 가지지 않고 제품이나 서비스를 통해 경험을 찾는 경향이 뚜렷해지고 있다. 기존 생산 패러다임이 변화하고 있는 것이다. 소비자들은 환경친화적이고 윤리적인 제품을 선호한다. 기업들도 이러한 요구에 부응하기 위해 노력하고 있다. 기업은 자신들의 철학과 가치를 내재화하여 소비자에게 진정성을 전달한다. 소비자가 브랜드의 가치에 공감하고 이를 자기 삶과 연관시키면 더욱 강한 로열티를 갖게 된다.

히피문화는 전통적인 가치와 규범에 대항하는 자세를 기반으로 하는 대항 정체성 운동으로서 창조적 파괴를 통해 사회와 기업의 변화를 촉진했다. 기성세대에 저항하며 개인의 가치를 드러내는 것이 탈물질주의 소비자들의 폭발적인 호응을 얻게 된 것이다. 세계적으로 유행하던 히피문화가 한국에도 도입되면서 자유와 개인의 표현을 상징하는 장발과 미니스커트가 크게 유행했다. 그러나 당시 우리나라는 군부독재의 압력 아래 있었기 때문에 정부는 머리를 길게 기르고 미니스커트를 입는 문화를 퇴폐적인 것으로 규정하고 엄중히 단속했다. 이어서 맞이하게 된 IMF 경제위기는 자기표현의 가치를 위축시켰고 정부는 경제 재건을 위해 IT 산업을 장려하는 정책과 대기업 간의 사업 교환 및 통합을 통해 노력했다. 자신의 개성과 자유를 표출하는 것보다는 경제 재건이 우선이었기에 국가를 위해 순례자가 되어야만 했다.

이러한 사회적 제약과 경제적 어려움으로 인해 당시 젊은이들은 적극적으로 자신의 의견을 표현하지 못하고 사회적인 압박을 받는 상황이었다. 선진국에서 탈물질주의가 두드러지게 나타나는 것은 어느 정도 기본적인 생활 수준이 보장된 조건 위에서 경제적인 부의 증가보다는 개인의 가치와 삶의 질을 중요하게 인식하기 때문이다. 우리나라는 초단기 압축성장을 마치고 이제야 비로소 탈물질주의 사회로 전환하기 위해 준비하고 있다. 이는 우리나라가 단순 지표로서 선진국이 아니라 명실상부한 선진국으로 나아가고 있다는 것을 의미한다.

탈물질주의의 갈림길에 선 우리나라는 서구 선진국과 달리 청년 인구 감소, 고령화 가속화, 지방 소멸 등 초단기 압축성장이 낳은 어려움에 직면하고 있다. 일부 청년들은 초단기 압축성장으로 인한 변화에 도태될까 봐 두려워하며 적응하기 위해 혹은 살아남기 위해 로봇이 되거나 규격화되기를 자처한다. 서울과 지방의 양극화는 더욱 심화되고 고령화를 넘어 초고령화 사회 진입을 앞에 두고 있다. 기성세대는 초단기 압축성장이라는 신화의 틀에 박혀 젊은 세대의 다양성과 개성을 응원할 생각을 하지 못하고 있다.

X세대의 탈물질주의는 정치적인 저항 정도에만 머물렀을 뿐 기업과 사회의 변화를 선도하지 못했다. 그렇다면 민주화를 이루고 경제 선진국이 된 지금의 시대에서 다음 세대는 탈물질주의를 선도할 수 있을까? 청년들이 주가 되어 탈물질주의를 선도한 서구 선진국과는 다르게 한국은 세대와 계층을 불문하고 러스틱 라이프를 선도하는 이들이 곧 탈물질주의를 선도할 것으로 전망한다.

왜 죽도록 일하고 뼈를 갈아 넣는 삶을 사는지 물으면 대부분 노년에 경제적으로 부족하지 않고 안락한 삶을 누리기 위해서라고 말한다. 그런데 그렇게 살 수 있는 날이 오기는 할지 의문스럽다. 정년퇴직한 뒤에 안정적인 삶을 보장받을 수 있다는 믿음이 사라지고 있다. 언젠가가 아니라 당장 여유로운 삶을 살 수는 없을까? 사람들은 피곤한 삶의 굴레에서 벗어나기 위해 새로운 삶의 방식을 꿈꾸기 시작했다. 최근에 러스틱 라이프가 주목받는 이유다. '러스틱 라이프'는 『트렌드 코리아 2022』에서 소개된 소비 트렌드 키워드로 도시를 떠나 자연과 시골에서 여유롭게 지내는 시골풍의 삶의 방식을 의미한다. 그것은 멀어지는 이상과 바쁜 일상에서 잃어버린 인간다운 삶을 찾아가는 탐구의 여정이자 의지의 구현이다.

러스틱 라이프가 라이프스타일 트렌드로 주목받는 것은 대중이 삶의 중요한 키워드를 포착했다는 뜻이다. 우리가 자연으로 향하는 이유를 생각해 보자. 자연 속에서 여유롭고 행복한 시간을 보내기 위해서다. 일과 스트레스 때문에 소홀히 했던 소중한 사람들과 행복한 시간을 보내려는 것이다. 근사한 호텔에서만 그런 시간을 보낼 수 있는 것은 아니다. 무한경쟁, 과열된 직장, 복잡한 사회에서 소진된 에너지를 채워주는 것이 '자연'이라는 것이다. 생산성이 배제된 곳, 편안한 곳, 감동이 있는 곳을 찾아가는 것이다.

자본주의와 자유주의 사회는 원래 그런 곳이라며 위로의 말을 건네는 것이 아니다. 생산성의 굴레에서 벗어나라는 것은 더욱 아니다. 자신을 삶의 기준으로 삼고 개인적 가치를 사회에 표현하며 지속가능한 삶을 사는 것을 목표로 탈물질주의 사회의 선동자가 되는 것이다. 탈물질주의 소비는 소비를 통한 문화적 체험과 정체성을 찾고자 하며 동시에 환경보호를 위해 친환경 상품과 유기농 먹거리를 선호한다. 공유경제 서비스를 활용함으로써 소유보다는 이용에 초점을 맞추고 불필요한 소비를 줄이는 것을 목표로 한다.

코로나19로 인해 기존 노동환경이 망가지고 반강제적으로 재택근무와 워케이션 노동환경이 조성됐다. 이러한 변화는 사람들이 자신이 원하는 삶을 선택할 수 있는 용기를 낼 수 있도록 영향을 미쳤다. 노후를 책임질 수 없는 연금을 포기하고 공무직을 내려놓고 시골에서 농부로서 제2의 인생을 사는 중년이 있다. 그런가 하면 도시에서 자란 20대가 귀촌에 로망을 품고 로컬 크리에이터가 되어 일로써 자기표현을 하기도 한다. 탈물질주의는 계속 진화하며 새로운 세대들이 이를 계승하고 다양한 형태로 재해석하고 있다. 이러한 추세는 새로운 경제 모델을 창출하고 있다. 단순히 소비적인 삶에서 벗어나 자연과 조화를 이루는 지속가능한 삶을 추구하는 흐름이 강조되고 있다. 이는 우리가 소비자에서 생산자로, 관찰자에서 참여자로 변화하는 과정을 반영한다. 탈물질주의는 지속가능한 삶의 방식을 추구하며 새로운 경제 모델을 창출하는 중요한 트렌드로 부상하고 있다.

2장
당신을
로컬 라이프로 초대합니다 • 115

3장
당신도
로컬 라이프 할 수 있습니다 · 181

1장
당신에게는 로컬 라이프가 필요합니다

1. 힙
: 러스틱 라이프는 힙한 라이프스타일로 자리 잡았다

도시의 시끄러운 경적 소리와 화려한 네온사인 대신 여유롭고 천천히 흘러가는 시골의 삶이 유행하고 있다. '촌스럽다'의 사전적 정의는 세련됨이 없어 어수룩하다는 뜻이다. 시대에 뒤처진 걸 무시하는 느낌이 든다. 그런데 요즘 이 단어에 '힙'하다는 뜻이 더해졌다. 약과는 전통적인 과자라서 인기가 없을 거라는 인식을 깨고 해당 사이트를 오픈한 지 몇 초 만에 품절 공지가 떴다. 밀레니얼 세대 사이에서 품절 대란을 일으킨 것이다. 아이돌 콘서트 티켓팅만큼이나 어렵다 해서 약케팅(약과+티켓팅)이라는 신조어도 생겨났다. 소비의 관점이 변화하고 있다는 것을 알 수 있다. 남들 눈에 띄는 럭셔리한 명품보다는 개인적인 경험과 감정을 중시하며 거기에서 삶에 더 큰 만족과 행복을 느끼는 것 같다. 촌스러움이 힙해지고 있다는 점에서 뉴트로newtro 트렌드와 맞물려 있다. 이러한 흐름은 세대를 불문하고 경험을 중요시하는 현대인의 심리와도 잘 부합되는 것처럼 보인다.

한옥 바캉스인 옥캉스는 색다른 경험을 선사한다

최초의 5성급 한옥 호텔 경원재 앰배서더 인천이 트립어드바이저 '2021 트래블러스 초이스 어워즈' 대한민국 베스트 톱 호텔 부문에서 1위에 올랐고 한국 호텔로는 최초로 아시아 지역 톱 호텔 부문 14위에 선정됐다.[1] 경원재는 일부 객실의 천장에 서까래와 대들보를 그대로 노출하여 한옥의 구조적 미를 강조했고 소나무로 지어진 객실은 은은한 나무 향이 배어 나온다. 넓은 대지에 수평으로 퍼져 있는 30여 개의 객실은 타인과의 접촉을 최소화하는 '언택트 여행'을 즐기기에 안성맞춤이다. 객실 뒤편에는 사적 공간인 안마당이 있어 이곳을 통해 객실 외부와 내부를 자유롭게 드나들며 한옥의 공간 구성을 경험할 수 있다.

한옥에서 바캉스를 보내는 '옥캉스'가 왜 유행하는 것일까? 3대에 걸친 대가족이 한옥 호텔을 방문한 광경을 상상해 보자. 조부모는 번잡한 도시를 벗어나 고향으로 돌아온 듯한 편안한 공간에서 유년 시절에 대한 향수와 그리움을 느낀다. 부모는 잠시 일을 내려놓고 가족들과 행복한 순간을 만끽한다. 자녀는 새로운 경험의 표현을 추구한다. 도시에서는 느낄 수 없는 한옥의 레트로한 감성을 힙하다고 느낀다. 세대마다 한옥을 다르게 체감하는 것이다. 한옥은 조부모 세대에게는 '향수', 부모 세대에게는 '행복', 자녀 세대에게는 '경험'을 선사한다.

팬데믹으로 인해 타인과 거리를 둘 수 있는 '가족 단위의 언택트 여행지'를 찾는 수요가 증가했다. 한옥의 공간 구조와 전통문화는 이러한 추세와 들어맞으며 점차 시선을 끌게 됐고 금방 사그라지지 않을 전망이다. 이러한 추세는 특별한 경험을 구매하고 싶어 하는 사람들의 심리를 대변한다. 경제가 저성장하면서 사람들은 애쓰며 뭔가를 얻는 것보다 소중한 시간과 함께 보내는 행복한 시간에 더 초점을 두기 시작했다. 이 과정에서 특별한 경험을 소비하는 행태가 자연스럽게 두드러졌다. 다양한 세대가 촌스러움으로 물든 '문화의 장'을 새로이 발견하면서 특별한 경험을 만들어내고 있다.

도시생활에 지친 MZ에 의해 농촌이 각광받는다

요즘 시골에 가면 몸뻬바지와 밀짚모자를 쓰고 얼굴에 흙을 묻혀가며 일하는 젊은이들이 보인다. 이 시골에 웬 젊은이들일까? 알고 보니 도시에서 온 친구들이다. 그런데 그들은 처음부터 시골로 일하러 온 것이 아니다. '촌캉스' 열풍이 불면서 낯선 촌구석까지 놀러 온 것이다. 그런데 왜 여행을 와서 일을 하고 있을까? 이들은 도시 생활에 지쳐 자연의 한적함과 여유를 즐기러 시골의 한 민박을 찾았다. 드넓게 펼쳐진 논의 풍경을 바라보고 있자니 직장에서 받은 스트레스가 한 번에 풀리는 듯하다. 하지만 여유로운 것도 잠시일 뿐 곧 무료해졌다. 모든 게 갖춰진 도시의 삶이 익숙한 젊은 이들에게 한적한 시골의 무료함은 어느새 지루해졌다.

때마침 주인이 찾아온다. 수확 철인데 코로나19로 인해 일손이 모자란다며 같이 일할 생각이 없느냐고 묻는다. 일을 도와준다면 근사한 저녁을 차려주겠다고 제안한다. 젊은이들은 힐링이 목적인 여행인지라 별다른 계획을 짜지 않았는데 무료하던 차에 잘됐다며 일할 채비에 나선다. 평소와는 아주 딴판으로 작업복을 입고 손에 농기구를 든 본인들의 모습이 우스운지 사진을 찍어 SNS에 업로드한다. "재밌겠다." "나도 해보고 싶다." "거기가 어디냐?"라며 농촌 체험을 부러워하는 댓글이 달린다.

젊은이들은 이 순간만큼은 아날로그에 충실해지고 싶어 스마트폰을 내려놓고 라디오 음악에 집중하며 일을 한다. 익숙하지 않은 일을 해서 허리가 쑤시지만 새참을 먹고 다시 힘을 내서 일한다. 일을 마치고 주인이 마련한 팜파티를 즐긴다. 집으로 돌아가는 날 이들은 "잊지 못할 추억이었다." "고된 일을 했는데 오히려 마음과 몸이 가볍다."라고 인사하며 숙소를 나온다.

사회심리학자 에리히 프롬은 인간에게는 '녹색 갈증'이 있다고 했다. 그의 말에 따르면 인간은 인위적인 도시를 벗어나 자연으로 회귀하기를 갈망한다. 이는 인간이 본래 자연과 함께 살아가며 그 안에서 자신의 위치를 찾아가는 본능적 욕구가 있다는 것을 의미한다. 현대 사회에서는 소비와 경쟁이 강조된다. 이에 따라 인간과 자연의 조화가 깨어진 상황에서 인간은 본능적 욕구를 충족하지 못해 녹색 갈증을 느끼게 된다.

소유보다 경험을 중요시하는 MZ세대가 시골을 찾는 것은 어쩌면 당연하다. 이들에게 찐 시골에서의 새로운 경험은 잊지 못할 기억으로 남는다. 레트로와 역주행이 주목받으면서 MZ세대에게 아날로그와 촌스러움은 힙한 것이 됐고 힐링과 더불어 가장 앞서가는 트렌드가 됐다.

일본에 반농반X가 있다면 한국에는 러스틱 라이프가 있다

러스틱 라이프를 실현하러 지방과 시골로 향하는 대부분 사람은 귀농이나 귀촌처럼 시골로 이주하기 위해 내려가는 것이 아니다. 또한 휴양이라는 짧은 시간을 보내려는 것이라고도 볼 수 없다. 뭔가 다른 속사정이 있는 듯하다. 굳이 모든 게 갖춰진 도시를 떠나 시골로 내려가려는 이유가 무엇일까? '녹색 갈증' 때문이다. 러스틱 라이프를 동경하거나 실현하는 사람들은 산업사회에서 환멸을 느끼고 자연으로 회귀하는 것이다. 역설적으로 도시는 모든 것이 갖춰져 있기에 불편하다.

5분 거리에 지하철, 회사, 편의점, 상가들이 모여 있는 역세권에 살고 있지만 무언가 마음이 편치 않다. 왜 그럴까? 사실 도시는 마음만 먹으면 못 할 게 없는 편리한 곳이다. 그래서 불편하다. 왜 편리한데 불편할까? 그 불편함의 정체는 무엇일까? 그건 바로 아무것도 하지 않았을 때 생기는 불편함이다. 도시는 마음만 먹으면 무엇이든 곧바로 할 수 있는 곳이기 때문에 아무것도 하지 않으면 마음이 공허해진다. 창문을 열기만 해도 사람들이 넘쳐나는데 나와 연결된 사람은 없다. 그래서 공허하다. 언제부턴가 화려한 거리에 있는 프랜차이즈 카페의 넓은 공간과 공장에서 대량생산된 커피보다 고즈넉한 골목길에 있는 작은 카페에서 직접 볶은 원두를 갈아 내려주는 드립커피가 더 마음에 든다. 이럴 때면 시골과 자연은 불편한 곳인 것을 알면서도 그립다. 불편함에서 오히려 편안함을 느끼는 것일까?

일본의 생태운동가 시오미 나오키는 추구해야 할 라이프스타일로 '반농반X'를 언급했다. 반농반X란 삶의 일부는 생태적 환경을 조성하고 나머지는 스스로 가슴 설레는 일인 X를 하며 사회에 이바지하는 것이다. 생태적 환경을 삶의 일부로 두는 이유가 있다. X를 지속가능하기 위해선 자연에서 얻는 영감과 안정감이 필요하기 때문이다. 건강하게 다양한 X를 추구하며 사회의 선순환 구조를 만드는 것이다. 이러한 선순환 구조의 삶이 일본에서는 반농반X라는 이름으로 열풍이 불었다면 한국에서는 러스틱 라이프라는 이름으로 자리 잡고 있다.

반농반X의 X처럼 개인이 추구하는 가치는 '다른' 것이지 '틀린' 것이라고 말할 수 없다. 각자 성장배경과 여건이 다르므로 개인의 가치를 깎아내릴 수 없는 것이다. 사람들은 각자 개인의 가치를 좇고 자신만의 힙한 라이프스타일을 찾는 것을 당연하게 여긴다. 획일화된 라이프스타일이 아니라 자신만의 힙한 러스틱 라이프를 실현하고자 한다.

2. 로컬
: 각박한 대도시가 아닌 쉴 수 있는 로컬이 뜬다

한달살이 프로그램을 통해 로컬의 매력을 경험한다

'직장을 그만두게 되면 시골에서 살아보고 싶다.' 많은 사람이 은퇴하면 자연에서 한가로이 살고 싶다는 소망을 버킷리스트에 써놓는다. 하지만 실제로 실현하는 이들은 적다. 막상 새로운 기회가 생기면 두려움을 느끼고 망설이는 것 또한 우리의 모습이다. 그런데 한달살이는 왜 힙하다고 느껴질까? 우리는 도시의 각박한 삶과 각자의 생존을 고려하면서 상대적으로 여유로운 지방으로 시선을 돌리게 됐다. 스트레스와 불안, 무기력감, 외로움 등을 느낄 때 도시를 떠나 향수를 달랠 수 있는 시공간을 찾으려는 것이다. 버킷리스트에 올려놓았던 제주살이나 다른 지역에서 한달살이하는 이들을 보며 힙하다고 느끼는 것이다.

"일 때문에 쉬지 못하는 내가 너무 불쌍해."

"지금까지 고생했으니 난 조금 쉬어도 돼."

힘들고 지칠 때마다 나오는 말이다. 그 내면을 들여다보면 무기력한 자신의 행동을 합리화하는 경향이 있다. 자신은 그저 불쌍한 존재이고 피해자라는 것이다. 그렇다면 누가 가해자일까? 회사가 가해자일까? 회사를 벗어나기만 하면 마음의 안정을 찾을 수 있을까? 주말에는 하루 종일 집 한구석에서 무기력하게 뻗어 있다. 일요일 밤이면 또다시 반복되는 일상이 두려워 내일이 오지 않기를 바란다. 생각해보면 무기력할 때마다 가까운 산과 바다를 다녀오면 기분이 좋아졌다. 멀리 다녀올수록 생기를 되찾았다. 여행을 다녀오면 살아 있음을 느끼는데 살아 있는 기분은 일상이 될 수 없을까 하고 생각한다.

대중의 한달살이에 대한 수요가 증가하자 지자체는 지역경제 활성화와 홍보를 위해 해당 지역에서 체류하면서 로컬의 매력을 느낄 수 있도록 한달살이 지원 프로그램을 제공하고 있다. '경남에서 한 달 여행하기'는 김해, 부산, 창원, 거제 등 다양한 지역에서 한달살이 프로그램 참여자를 모집하고 있다. 참가자들은 짧게는 2박 3일부터 최대 29박까지 해당 지역을 여행하며 자신의 SNS에 하루에 2건 이상 포스팅하는 '지역 홍보대사'로서의 미션이 주어진다. 해당 프로젝트는 2020년 5개 시군에서 시범 사업을 시작으로 인기를 끌며

2022년에는 경남 18개 전 시군으로 확대 시행됐다.[2] 참가자들에게는 1인당 숙박비(팀당 1일 5만 원 이내) 및 체험비(7박 미만 1인당 5만 원, 7박 이상 1인당 8만 원)를 지원해준다.

자신의 여행 기록을 하루에 2건 이상 포스팅하는 지원 조건은 언뜻 보면 강제적으로 느껴진다. 하지만 이는 크리에이터의 기량을 요구하는 행위이며 자신만의 창작물을 만들어내는 크리에이터로서 면모를 갖추는 데 도움이 된다. 휴식과 회복을 위해서는 긴장을 내려놓는 '이완'만 필요한 것이 아니다. 고통과 인내를 감수하며 도전하는 근성도 필요하고 몰입이 필요한 만큼 까다로운 기량이 필요하다. 그런데 우리는 대부분 휴식을 이완하는 데 소모하고 있다. 즉 일로부터 멀어져 잠시 쉬기만 할 뿐 나머지 중요한 쉼의 요소를 놓치고 있는 것이다.

앞서 예로 들었던 쉼을 위해 농촌을 찾은 청년들은 왜 고된 일을 하고도 푹 쉬었다고 느낀 것일까? 그들의 여가에는 쉼의 요소가 전부 들어 있기 때문이다. 눈앞에 펼쳐진 드넓은 논 풍경을 감상하고 고즈넉한 정자에서 새소리를 들으며 편하고 자연스러운 시간을 보내는 것은 '이완'이다. 주인장의 권유로 생전 처음 해보는 농사일에 도전하게 됐는데 요구를 승낙한 건 자신의 통제에 의한 선택이었다. 농사일은 허리를 펼 겨를도 없고 뙤약볕을 견뎌야 하는 활동으로 신체적으로 고통스럽고 정신적으로도 인내가 필요하다. 아이러니하게도 이런 활동을 함으로써 좋은 경험과 쉼이 됐다고 느낀다. 좋은 쉼은 '기량'이 필요한 신체적, 정신적 활동을 전제로 한다. '몰입'도 그들이 농촌 여행에서 온전한 쉼을 느낄 수 있는 요소다. 한 가지에 몰두함으로써 평소 불안과 스트레스를 느끼는 요인에서 완전히 벗어나는 것이다. 도시에서 사는 그들이 낯선 농촌에서 제대로 쉼을 느끼게 되는 이유다. 익숙하지 않은 장비들을 사용해서 끝이 보이지 않는 일을 끝내고자 몰입하다 보면 자연스레 불안과 스트레스에서 벗어나는 것이다.

지자체가 운영하는 프로그램도 마찬가지로 쉼의 요소가 모두 담겨 있다. 참가자들은 지역을 돌아다니며 혹은 자연에 머물며 그간 쌓였던 스트레스와 피로로부터 멀어진다. 일상에서는 찾을 수 없는 일몰의 아름다움을 바라보며 감탄한다. 콘텐츠를 업로드하기 위해 도심의 골목을 찾아다니며 글을 쓰는 과정은 창의력과 크리에이터로서 기량이 요구되는 작업이다. 하루를 돌이켜 보며 발걸음을 따라간 흔적에서 자신만의 선호와 취향을 찾아가기도 한다. 기량을 발휘하는 동안에는 그 작업에 완전히 몰입하여 시간을 잊어버릴 만큼 열중한다. 그리고 작업을 완료하고 업로드를 마친 뒤에는 과제를 완수한 후의 뿌듯함과 만족감이 가득하다.

코로나19 완화는 관광 산업의 부흥을 촉진한 주요한 요인 중 하나인데 다른 다양한 영향들도 이러한 부흥에 영향을 미쳤을 것으로 판단된다. 이러한 부흥의 배경에는 지자체가 제공하는 '한 달 살기 지원 프로그램'이 큰 역할을 해왔을 것으로 보인다. 이 프로그램은 개인의 경제적인 부담을 줄이면서도 소중한 쉼과 창작 활동을 결합하여 자유롭게 시간을 보낼 기회를 제공한다. 이를 통해 개인으로서는 창의적인 크리에이터로서 능력을 키우는 동시에 지역은 콘텐츠의 양이 증가함에 따라 관광 수요가 늘어나게 된다. 지자체의 노력과 홍보를 통해 얻게 되는 긍정적인 피드백은 관광 산업의 회복뿐만 아니라 지역경제 발전에도 큰 도움이 됐다. 이러한 긍정적인 영향을 토대로 앞으로도 다양한 크리에이터의 활동을 지원하고 지역 홍보를 강화함으로써 관광 활성화에 지속해서 이바지할 것으로 기대한다.

인적이 드물던 골목길에서 책과 술이 힙하게 만나다

연희동, 합정동, 을지로, 성수동 등 과거 주택지로 인적이 드물던 지역 원도심의 골목상권이 사람들로 붐비며 골목길이 힙해지고 있다. 국내 최초로 발행된 레스토랑 가이드북인 『블루리본 서베이』에 따르면 서울의 골목상권 맛집 수를 조사한 결과 연남동과 연희동의 경우 2012년에 12개에서 2021년에는 151개로 증가했다.[3]

레트로 음악과 무드에 흠뻑 빠지게 되는 카페와 바들이 늘어나고 있다. 번잡한 도시와 상반되는 레트로한 분위기의 상점들에 젊은 세대뿐만 아니라 중년 이상의 세대도 매력에 빠져든다. 과거와 현재가 어우러져 있는 골목길은 시대를 초월한 느낌이 들기도 한

서울 골목상권 맛집 수에 따른 랭킹

	지역	2021년	2017년	2012년
1	홍대앞·합정동·망원동	318개	143개	85개
2	이태원·해방촌	172개	102개	85개
3	인사동·익선동·종로3가	167개	28개	25개
4	연남동·연희동	151개	65개	12개
5	청담동	137개	58개	56개
6	을지로·충무로	126개	35개	25개
7	성수동·옥수동·금호동·한남동	123개	27개	3개
8	압구정동	101개	43개	60개
9	삼청동·안국동	86개	40개	52개
10	서촌·지하문·부암동	83개	39개	20개
11	가로수길	81개	47개	42개
12	장충동·약수동·신당동	66개	16개	10개
13	서래마을	58개	29개	10개
14	도산공원	55개	3개	17개
15	대학로·혜화동	42개	14개	15개

(출처: 『머물고 싶은 동네가 뜬다』, 모종린)

다. 로컬 트렌드는 자연으로의 여행이나 귀농과 귀촌에 국한되지 않고 지방과 도시의 골목길에서 창업하는 경향으로도 나타난다. 소비자들은 마트에 흔하게 진열된 상품을 소비하기보다 개성 있는 주인과 공간을 찾아 나서고 있다. 이러한 로컬 트렌드는 도시의 다양성을 더욱 풍요롭게 하고 지역 상권에 활기를 불러일으키고 있다.

대로변에서는 간판조차 보이지 않고 골목길에 들어서도 찾기 힘든 연희동 한 골목에 정인성 대표의 '책바*'가 있다. 책과 술. 이 두 단어가 만나면 어색하고 불협화음이 날 것 같은데 묘한 조화를 이룬다. 고객은 술을 주문한 뒤 책을 읽고 글을 쓴다. 소설 속 주인공이 되어보고 작가가 되어본다. 책은 마음을 사로잡고 술은 감각을 자극한다. 로컬에서 이뤄지는 창업 형태는 소비자에게 단순히 상품을 파는 것을 넘어 새로운 경험과 라이프스타일을 제안한다.

책바에서는 한 달에 한 번 백일장을, 일 년에 한 번 공모전을 연다. 참가자는 감정을 발산하고 싶은 마음을 책과 술의 힘을 빌려 글로 풀어 본다. 백일장 이름은 '빌보드 차트'로 매달 다른 주제를 놓고 손님들은 포스트잇 한 장 분량의 글을 벽에 붙인다. 가장 많은 표를 얻은 이들의 글은 소중히 모아 『우리가 술을 마시며 쓴 글』이라는 제목으로 독립 출판된다. 2016년 첫 출간 이후 2022년 일곱 권째 이어지고 있다.

정 대표는 대기업 마케터로 일하던 시절 상품 기획부터 출시까지 전 과정을 책임졌다. 그 시절에도 퇴근하면 동네 카페에서 술을 마시며 책을 읽고 글을 썼다. 반복되는 출근길에서 지금의 직장이 나를 표현할 수 있는 곳인가, 나다운 모습은 무엇인가를 고민했다. 어느 날 스티브 잡스의 문장이 머리를 때렸다. "당신의 시간은 한정되어 있습니다. 다른 사람의 인생을 살면서 시간을 낭비하지 마

---

* 2023년 7월에 연희동에서 망원동으로 확장 이전했다.

세요." 정 대표는 퇴사를 결정했고 전략적으로 사업을 준비해서 퇴사 후 평소 자신이 좋아하던 책과 술을 겸비한 책바를 차렸다.[4]

창업 비용은 대학 시절 창업을 통해 마련했던 자금과 회사에 다니며 모은 돈으로 댔다. 소규모 창업인지라 권리비가 없는 공간을 찾았다. 인테리어 도면은 직접 그리고 손님이 머무는 위치와 자신이 일하는 모습을 상상하며 여러 차례 수정했다. 책과 술을 겸비했지만 주요 매출은 술 판매에서 이뤄진다. 서점 운영으로는 한계가 있다고 생각했기 때문이다. 퇴사 후 조주기능사를 취득하고 위스키의 고장인 스코틀랜드와 일본으로 위스키 견학을 다니며 견문을 넓혔다. 창업한 이후에도 배움을 멈추지 않고 다양한 시도를 하고 있다.

책바의 메뉴판은 책을 닮아 목차가 있다. 목차는 시, 에세이, 소설 등으로 범주가 분류되어 있고 각 범주에는 함축적 의미를 담은 메뉴들이 구성되어 있다. 책바에서 가장 많이 팔린 칵테일은 무라카미 하루키의 『4월의 어느 맑은 아침에 100퍼센트 여자를 만나는 것에 대하여』를 읽고 영감을 받아 책 제목을 따서 만든 칵테일이다. 진과 포트와인, 오렌지주스가 들어간 칵테일로 상상력을 자극하는 제목이다. 정인성 대표는 메뉴판에 적힌 설명을 들려주며 맛을 상상해보길 권한다. "길을 걷다가, 어떤 남자와 여자가 마주칩니다. 그런데 둘은 본능적으로 느껴요. 서로가 서로의 100퍼센트의 사람이라고. 그 느낌을 맛으로 표현했습니다. 달콤한 과일의 풍미가 가득한 술이에요."

로컬 트렌드의 변화는 자영업자들에게도 새로운 기회와 변화를 가져왔다. 소비자는 더 이상 단순히 상품을 소비하는 것만으로는 만족하지 않고 새로운 콘텐츠와 커뮤니티를 찾는다. 골목길은 이제 상업적 장소이면서 사람들이 함께 소통하고 교류하는 즐거운 장소가 됐다. 그렇다면 이 골목길에 사람들이 모이는 이유는 무엇일까? 탈산업화를 향한 욕망이 커지면서 다양성, 개성, 삶의 질을 중요시하는 라이프스타일을 추구하기 때문이다. 이러한 탈물질주의는 첨단 도시의 인프라와 대형 건물들보다 아기자기한 상가들에서 경험할 수 있는 정겨움과 여유로움을 선호하는 것이다.

정인성 대표가 골목길에서 창업한 이유는 오로지 돈을 벌기 위해서만이 아니다. 골목길이라는 자신을 닮은 공간에서 자유롭게 자신을 표현하고 행복한 삶을 이어나가기 위함이다. 정인성 대표와 책바를 찾는 손님들은 골목길의 한구석에 자리한 공간에서 마치 책 속 주인공들처럼 새로운 이야기를 써 내려가고 있다. 골목길에서 소비자는 단순한 상품을 살펴보는 것 이상의 특별한 경험을 맛보고 자영업자는 자신의 가치를 증명하고 있다. 골목길은 단순한 상업지역이 아니라 인생의 작은 즐거움과 소통이 어울리는 공간으로서 자리 잡았다.

로컬 비즈니스인 서피비치가 지역 커뮤니티를 품다

바닷가 모래사장 위에 노란색 '서피비치SURFYY BEACH' 나무판이 세워져 있다. 이곳은 양양을 방문하는 관광객들의 빠질 수 없는 시그니처 포토존이 됐다. 서피비치의 해변은 과거 철조망이 쳐진 군사지역으로 사용되던 곳에서 시작됐다. 불모지에서 시작된 서피비치는 2015년 첫해에 방문객 1만 명을 기록한 후 2022년에는 이 숫자가 190만 명으로 급증하며 사람들의 관심을 한층 더 끌었다. 양양군은 인구수가 2023년 6월 기준 2만 7,817명으로 조그마한 지역이다. 하지만 이제 서피비치는 강원도를 넘어서 한국 전역을 대표하는 라이프스타일의 중심지로 자리 잡았다.

해운대 광고 담당자로 일하던 박준규 대표는 해운대의 활력 넘치는 모습을 지켜보며 왜 동해 바닷가는 상황이 점점 어려워지는지를 고민했다. 해운대는 젊은이들이 가득하고 기업들은 광고 부스를 차지하기 위해 다퉜다. 그 해운대를 보며 바다가 젊은이들의 놀이터가 되려면 주야간 콘텐츠가 필요함을 깨달았다. 동해 또한 해운대와 같은 다채로운 환경을 조성하여 사람들이 자연과 함께 다양한 활동을 즐길 수 있는 콘텐츠가 생겨야 한다고 생각했다.

박준규 대표가 처음부터 서핑을 콘셉트로 해변 사업을 시작한 것은 아니다. 해외 바다를 가본 적이 없는 그는 인터넷 사진을 뒤져가며 해외 유명한 해변을 주제로 공부했다. 유명한 해변은 모두 해안선이 곧게 뻗은 일자 형태를 띠고 있었다. 이국적인 해변을 만들겠다는 생각으로 초기 기획안 제목을 '양양 보라카이'로 잡았으나 발리의 포테이토 헤드 비치클럽을 보며 서핑이 한국에서도 확산할 것이라고 확신하고 제목을 '서피비치'로 변경했다. 결과적으로는 그는 서피비치가 서퍼를 위한 해변이 아니라 서핑이 궁금한 사람, 서핑을 구경해보고 싶은 사람들이 편하게 오는 해변이 돼야 한다고 생각했다.

박준규 대표의 서피비치 사업 계획은 '서피비치를 찾는 사람들에게 로망을 드리고 사랑을 받는 곳'을 원칙으로 삼으며 총 4단계로 진행됐다.

1단계는 '이름 없는 작은 해변에 이름이 생기게 하는 것'이다. 해변에 이름이 생기면 여행객들이 찾아온다고 믿었다. 그 결과 서피비치는 2023년 190만 명이 방문했고 인스타그램에 서피비치 해시태그 수가 2023년 8월 기준 30만 8,000개에 달하는 큰 성과를 보여 주었다.

2단계는 외국의 라운지 시설과 비슷한 환경을 조성하고 국내에서 해외 수준의 페스티벌을 개최함으로써 다양한 문화와 활동을 제공하는 것이다. 이는 지속적인 관광 수요를 일으키고 기대 이상의 방문자 유치를 끌어낼 수 있는 전략이다.

3단계는 카라반 캠핑 대신 호텔 숙박이 가능한 환경을 조성하는 것이다. 이는 지역경제를 활성화할 뿐만 아니라 관광지를 지속적인 머무름의 장소로 확립하는 데 필수적이다. 호텔 시설은 편의와 편안함을 제공하며 관광객들의 만족도를 높이는 중요한 역할을 한다.

4단계인 서피타운 개념은 궁극적인 목표로서 큰 의미를 담고 있다. 관광지 주변에 거리, 상권, 시설 등이 조성되어 진정한 지역 커뮤니티가 형성되는 것은 관광 산업의 지속성을 확보하는 핵심이다. 이는 단기적인 이익뿐만 아니라 장기적인 경제 발전을 위한 기반이 된다.[5] 박준규 대표는 서피비치는 현재 3단계까지 진행된 상태라고 말했다.

"로컬 창업을 한다고 하면 대부분 자신이 하고 싶은 일을 한다고 생각하는데 로컬 창업에 성공하기 위해선 여행객의 마음을 헤아려야 한다."라고 조언했다.[6] 그는 로컬 창업이 단순히 개인의 취향을 반영하는 것이 아니라 지역의 특성과 여행객의 마음을 동시에 고려해야 한다고 강조했다. 사업은 소비자의 결핍을 알아채고 니즈를 충족시켜 주는 것이 핵심이다. 로컬 비즈니스 또한 예외가 아니다. 지역의 경관과 문화를 기반으로 한 로컬 비즈니스가 성공할 때는 그 지역의 아름다움과 독특함이 여행객들의 결핍을 완벽하게 충족시켜주는 순간이다. 산과 바다와 같은 자연의 요소는 그 자체로 매력적인 요소이지만 그 안에도 결핍은 분명히 존재한다. 서피비치는 단순히 자연에 머무르는 것이 아니라 여행에 대한 로망을 넘어서는 경험을 선사함으로써 더 큰 가치를 창출한다.

서피비치는 강원도뿐만 아니라 한국 전역을 대표하는 '앵커스토어'로 자리 잡았다. 앵커스토어는 쇼핑센터나 상점가에서 핵심 역할을 하는 간판 상점을 말한다. '머무름'을 시작으로 확장되는 앵커스토어의 개념은 스타벅스 상권과 유사하다고 볼 수 있다. 스타벅스는 머무르고 싶은 공간을 만들어 공간의 가치를 높인다. 즉 손님들은 머무르기 위해 스타벅스라는 공간을 찾고 텀블러와 같은 굿즈 상품을 사면서 소비를 확장한다. 비슷한 사례로 대전의 성심당과 더현대의 팝업스토어 등 사람을 불러 모으는 핵심 상가와 일맥상통한다. 골목길 경제학자 모종린 교수는 저서 『머물고 싶은 동네가 뜬다』에서 앵커스토어를 구체적으로 정의하면 "혁신성, 지역성, 문화성을 기반으로 유동 인구, 기반 시설, 구심점, 정체성 등 다양한 상권 공공재를 제공하는 상업시설"이라고 말했다.[7] 지역성을 기반으로 획기적인 기획을 통해 관광객을 불러 모으고 지역과 상생한다.

서피비치는 한 공간에서 네 가지 수익구조를 창출하고 있다. 첫째는 서핑과 요가 수업을 하고 장비를 대여하고 받는 수익이다. 둘째는 서피비치를 방문하여 먹고 마시는 다양한 음식과 커피, 맥주 등 식음료F&B사업에서 나오는 수익이다. 다음으로는 광고와 페스티벌 개최를 통해 발생하는 수익이 있다. 독립 기업이 앵커스토어로 자리 잡게 되면 대기업들과 협업하여 합리적인 가격으로 소비자에게 상품과 서비스를 제공할 수 있다. 서피비치에서 판매되는 코로나 맥주는 한 잔에 7,000원으로 서울 시내 술집보다 저렴하다. 서피비치에 코로나 로고를 노출하고 상품을 저렴하게 공급받고 있다. 서핑을 중심으로 식음료, 요가, 페스티벌, 숙박 등의 다양한 요소가 기업과 자연스럽게 연결된다. 서피비치가 단순히 서핑에만 집중했다면 낮과 밤 그리고 사계절을 채우기 위한 콘텐츠가 부족했을 것이다.

앵커스토어라는 대형 플랫폼으로 성장한 독립기업은 자연스럽게 지역과 기업 간 연결고리 역할을 하며 지역사회와 긴밀한 관계를 형성한다. 어떤 지역의 앵커스토어가 지역의 전통 공예품을 판매하거나 현지 아티스트와 협업하여 지역 문화를 대표하는 제품을 생산한다면 이는 그 지역의 아이덴티티와 문화를 지속가능하게 보존하는 데 도움이 된다. 앵커스토어는 지역 주민에게 일자리를 제공하며 관광객을 지역 상점과 서비스로 유인한다. 이러한 앵커스토어는 지역 상권의 활성화뿐만 아니라 지역의 인식을 높이는 데 이바지한다. 앵커스토어 전략은 미래에 걸쳐 지역사회와 지역경제의 지속가능성을 높이는 중요한 요소다.

3. 주거
: 세컨드하우스와 오도이촌의 시대가 열렸다

일과 휴식의 경계가 명확한 오도이촌과 듀얼라이프가 뜬다

코로나19가 발생하자 도시인의 시선이 시골로 향했다. 인구 밀집으로 인한 감염 위험을 피하려고 비교적 인구가 적은 지방이 주목의 대상이 된 것이다. 타인과의 접촉을 최소화하고 잠시나마 마스크를 벗을 수 있는 한적한 곳이 살기 좋은 곳으로 떠올랐다. 이러한 추세는 예전부터 일부의 관심을 모았던 '오도이촌'과 '듀얼라이프'에 관한 사회적 관심으로 이어졌다.

오도이촌과 듀얼라이프는 도시 중심의 생활에서 벗어난 라이프스타일을 가리킨다. 오도이촌은 일주일 중에서 평일 5일은 도시에서, 주말 2일은 시골에서 즐기는 삶을 말한다. 듀얼라이프는 도시와 지방 두 곳에 거점을 마련해 생활하는 라이프스타일이다. 코로나19가 아니라도 이러한 라이프스타일이 줄곧 주목받고 있다. 그런데 왜 사람들은 오도이촌이나 듀얼라이프처럼 한곳에 머물지 않고 두 곳을 오가며 지내려는 걸까? 일에 종속된 삶에서 벗어나기 위해서다. 물리적 환경을 구분해 워라밸의 경계를 명확히 나눔으로써 도시에서는 '일'을 하고 지방에서는 '삶'을 산다는 균형을 맞추고자 한 것이다.

듀얼라이프는 세컨드하우스에 대한 부담이 줄면서 유행했다

세컨드하우스는 휴가나 주말을 보내기 위해 교외에 마련한 두 번째 집이란 뜻이다. 예전에는 세컨드하우스라고 하면 상류층의 커다란 별장을 떠올렸는데 요즘 세컨드하우스는 작고 실속 있는 형태가 많아졌다. 은퇴 이후를 생각하는 50~60대뿐만 아니라 캠핑을 즐기거나 가족과 야외에서 시간을 보내고 싶은 30~40대에게도 인기를 끌고 있다.

세컨드하우스는 왜 인기를 끌게 된 것일까?

먼저 교통이 발달하면서 지방에서 수도권 전역으로 접근성이 향상됐다. 예를 들어 경기도 용문과 강원도 홍천을 잇는 광역철도 건설사업을 정상 추진하기로 발표하면서 기존 주행시간이 93분에서 35분까지 단축될 것으로 예상된다. 그 덕분에 지방에 교통 인프라가 추가로 조성되면서 도시와 지방에 거점을 두는 '도촌 생활'이 수월해졌다. 도시의 문화 인프라와 지방의 생활 인프라를 동시에 누리며 선택할 수 있게 된 것이다.

두 번째로 주거 구독 서비스와 실속형 주거 형태가 나오면서 지방에 거점을 두는 것에 대한 진입 장벽이 낮아졌다. 주거 구독 서비스를 통해 본인 소유의 거점이 없어도 지방에서 한달살이를 체험할 수 있게 됐다. 과거에는 전원주택이 상류층의 별장 개념이었지만 오도이촌과 듀얼라이프를 추구하는 소비자의 니즈를 파악하고 실속형이나 일시형 주거 형태가 생겨났다. 도촌에 대한 진입장벽이 낮아짐으로써 대중이 듀얼라이프를 몸소 실현하고 이상을 키울 수 있게 됐다.

세 번째로 코로나19로 인해 밀집된 도시를 벗어나려는 이들이 증가하고 있다. 전염에 대한 두려움 때문에 도시를 떠나게 됐고 재택근무가 도입되면서 새로운 노동 형태에 눈을 뜨기 시작했다. 워케이션workcation에 대한 관심도 높아졌다. 워케이션은 일work과 휴가vacation를 결합한 신조어로 휴양지에서 업무를 하는 노동 형태를 말한다. 이렇게 새로운 장소를 경험하고 일상의 피로감에서 벗어나고 싶어 하는 욕구가 커지고 있다.

듀얼라이프로 도시와 시골의 단점은 보완하고 장점만을 취한다

『트렌드 코리아 2022』에서는 러스틱 라이프를 실현하는 과정을 '떠나기-머물기-자리잡기-둥지 틀기'의 4단계로 구분했다. 러스틱 라이프는 도시를 떠나는 것에서 시작된다. 코로나19로 인해 유연해진 노동환경과 재택근무의 확산은 한달살이와 같은 머물기 단계를 가속했다. 러스틱 라이프가 자신에게 적합한 라이프스타일이라고 느끼는 사람들은 한층 더 과감한 시도를 한다. 두 지역에 거점을 두고 순환으로 거주하는 듀얼라이프로 자리잡기를 시도한 다음 자신의 라이프스타일에 잘 맞는 곳에 둥지를 트는 것이다.

일본의 주거 구독 서비스인 아도레스 창업자 사벳토 타카시는 "젊은이들은 자신이 알지 못하는 새로운 것을 만나는 체험을 원한다. 이를 가장 손쉽게 실현하는 방법은 자신을 다른 장소로 옮겨놓는 것이다."라고 말했다. 사람들이 일에 지쳐 자연을 찾아 나서는 것은 '녹색 갈증'을 해소하려고 물리적 환경을 바꾸는 것이다. 밤이 돼도 꺼지지 않는 도시환경에서 벗어나면 생산성과는 한 걸음 멀어지지만 안정을 찾게 된다. 복잡한 도시를 벗어나는 것이 가장 간단한 해법처럼 느껴지기 때문이다.

누구나 살면서 한 번쯤 '은퇴하면 시골에 내려가서 지내고 싶다.'라는 생각을 해봤을 것이다. 하지만 높은 인구밀도로 인해 이뤄지는 다양한 인간관계, 풍족한 인프라, 쉽게 접할 수 있는 문화생활 등 도시를 떠나지 못하는 이유가 많다. 시골은 도시에 비해 일자리가 부족하고 각종 시설이 갖춰져 있지 않아 선뜻 삶의 터전을 옮기기가 쉽지 않다. 사람들은 '시골의 한적한 삶'은 선호하지만 '시골에서 일하는 삶'은 선호하지 않는다. 이러한 딜레마로 인해 듀얼라이프가 생겨났다. 듀얼라이프를 통해 자신이 어떤 삶을 더 선호하는지 찾고 앞으로는 어디서 어떻게 살아가야 할지를 모색하는 것이다.

어떤 이들은 듀얼라이프에 대해 '부자들의 전유물'이 아니냐며 반감을 표하기도 한다. 한곳에 거점을 두기도 힘든데 어떻게 두 곳에 거점을 두겠냐는 것이다. 두 마리 토끼를 쫓다가 한 마리도 못 잡는 것이 아니냐는 염려의 목소리도 있다. 이 문제를 해결하기 위해 등장한 주거 구독 서비스는 듀얼라이프에 대한 진입 장벽을 낮췄다. 무작정 지방에 거점을 마련하는 것이 아니라 주거 구독 서비스를 통해 경험을 쌓고 나에게 맞는 지역과 취향을 찾아갈 수 있게 됐다.

듀얼라이프의 핵심은 도시와 시골 모두에서 삶의 장단점을 인지하고 이를 적절히 조합하여 나에게 맞는 삶을 선택하는 것이다. 도시에는 발전된 문화, 인프라, 다양한 인적 네트워크, 취업 기회가 있지만 소외감이나 스트레스 등의 부작용이 따를 수 있다. 시골에서는 자연과 함께하는 평온한 삶, 건강한 식습관, 저렴한 주거비용 등의 장점이 있지만 인프라와 문화생활에 제약이 따를 수 있다. 자신의 욕구와 가치관을 파악하고 도시와 시골의 각각 장점을 살려 자신만의 삶을 설계하는 것이 중요하다.

본인의 삶과 자녀 교육을 둘 다 잡기 위해 오도이촌이 생겨났다

부모는 수많은 육아의 선택지에서 갈등한다. 아이는 의료시설이나 문화시설 등 교육에 필요한 인프라가 발달한 도시에서 키워야 한다는 의견과 자연 속에서 뛰어놀 수 있는 환경에서 자라야 한다는 의견이 대립한다. 양자택일을 하자니 자녀의 교육과 성장에 필요한 환경을 균형 있게 조성해주지 못한다는 미안한 마음이 든다. 이런 고민을 어느 정도 해결할 수 있는 새로운 라이프스타일로서 오도이촌이 최근 주목받고 있다. 자녀의 교육과 성장 발달을 모두 이뤄주고 싶은 부모가 오도이촌을 통해 이를 실현하려는 것이다.

직장인 C씨는 주 52시간 근무제로 확보된 여가를 가족들과 보내기 위해 지방에 세컨드하우스를 마련했다. 서울에서 약 한 시간 반 정도 거리의 세컨드하우스에 도착하자마자 아이들이 정원으로 뛰어들었다. 한참을 뛰어놀던 아이들이 아파트에서는 너무 답답하다며 평일에도 여기서 살면 안 되느냐고 물었다. C씨 부부는 교육환경이 좋은 서울에 계속 머물기 위해 평생을 노력했다. 하지만 시골 생활을 즐거워하는 아이들을 보며 진정으로 아이들에게 좋은 교육환경이 무엇인지 고민에 빠졌다. 게다가 기존 교육환경은 이제 새로운 국면에 접어들었다.

코로나19는 전국의 교육환경을 비슷하게 바꿔놓았다. 도시든 지방이든 수업은 온라인으로 대체됐고 학교뿐만 아니라 학원과 같은 교육시설도 이용이 제한됐다. 비대면 교육과 디지털 교육이 거스를 수 없는 대세가 되다 보니 바깥 활동을 통한 사회성 개발과 친구 관계 형성 등 많은 것이 약화될 수밖에 없었다. 교육도 우려스러운 점이 한둘이 아니다. 학습 몰입도가 떨어지고 학습 진행과 관련해서 많은 혼선이 있었다. 사실 코로나19는 교육환경의 변화를 앞당긴 촉매제였다. 4차 산업혁명과 디지털 기술의 발달로 비대면과 온라인 중심으로 교육 활동이 전개될 것으로 전망한다.

그렇다면 지금의 아이들에게 더 좋은 교육환경이란 무엇일까? 아이들이 마음 편히 뛰어놀면서 교육도 뒤처지지 않는다면 그게 이상적인 교육환경이 아닐까? 하지만 현실은 녹록지 않다. 이러한 교육환경에 맞춰 삶의 터전을 옮기는 게 엄두가 나지 않는다. 코로나19 때문에 얼어붙은 고용시장에서 직장을 옮긴다는 것은 더 어려운 일이 됐다. 아예 직장을 포기하는 것은 생존 문제와 직결한다. 결국 부모는 아이들을 달랠 수밖에 없다. "엄마가 나중에 은퇴하면 여기서 사는 걸 생각해 보자."

귀촌 선배들이 자주 하는 말이 있다. "도시에서 놔야 할 것의 리스트를 생각해 보세요." 도시 생활에서 놓을 수 있는 게 많아지면 귀촌을 할 수 있다는 말이다. 직장이나 자녀교육과 관련하여 도시의 기준에서 벗어난다면 과감히 시골로 떠날 수 있다. 그러나 여전히 귀촌이나 귀농의 벽을 뛰어넘는 것은 쉽지 않다. 또 시골로 완전히 삶의 터전을 옮기는 게 정답도 아니다. 도시의 교육환경이나 노동환경의 장점을 고려하지 않을 수 없다.

듀얼라이프는 이러한 고민거리를 해소할 수 있는 라이프스타일이다. 도시와 시골을 오가며 '본인의 삶'과 '자녀 교육'을 모두 포기하지 않을 수 있기 때문이다.

공유경제 서비스를 통해 라이프스타일의 변화를 제안한다

박찬호 '클리' 대표는 한국 사회는 사람들이 아파트 한 채를 갖는 것이 목표인 획일화된 사회라고 꼬집어 말했다. 사람들은 원하는 것을 보여주기 전까지는 자신의 취향을 알지 못한다는 스티브 잡스의 말처럼 자신의 욕구를 뚜렷하게 표현할 수 있을 정도로 성숙하지 못하다. 왜 하나의 라이프스타일이 아니라 다양한 라이프스타일을 누려야 하는지, 나는 어떤 라이프스타일을 선호하는지 모르는 경우가 많다. 블록체인, PC, SNS, 플랫폼 등 과학기술의 발전으로 인해 정보는 소수의 독점으로부터 해방됐다. 이를 통해 다수 개인은 더욱 자유롭게 자신만의 라이프스타일을 추구하고 다양한 라이프스타일을 누리며 살아갈 수 있게 됐다. 라이프스타일을 추구하는 사람들은 각자 다른 가치관과 관심사, 문화적 배경, 경제적 상황을 토대로 자신과 비슷한 부류의 커뮤니티를 형성한다. 이는 개인의 라이프스타일이 모여서 사회 전체의 라이프스타일을 결정하게 된다는 것을 의미한다. 각자의 라이프스타일을 추구하는 다양한 개인이 결합하여 더욱 풍요로운 사회로 나아가는 것이다.

프롭테크 스타트업인 클리는 공유 세컨드하우스 플랫폼 '마세플(마이세컨플레이스)'을 통해 선택권 없이 경직된 사회에 세컨드하우스를 제공해 새로운 주거 라이프스타일과 듀얼라이프를 선도하고 있다. 박 대표는 "저처럼 평범한 사람도 좋은 퀄리티의 다양한 라이프스타일을 누릴 수 있는 그런 날이 있었으면 좋겠어요."라고 말하며 대중이 다양한 라이프스타일을 경험할 수 있도록 듀얼라이프 혁신을 촉진하고 있다.

그런데 도시에 거주하는 사람들이 듀얼라이프로서 러스틱 라이프를 갈망하는 이유는 무엇일까? 인구가 밀집된 도시의 길은 무수한 인파와 수많은 차량과 대중교통의 끊임없는 소리와 이동이 뒤섞여 있다. 주거지는 협소하고 임대료는 지나치게 높아 저소득층과 청년층은 고시원으로 향한다. 이에 따라 우리는 정신적 피로와 분노를 느끼고 스트레스와 불안감에 마음이 짓눌려 있다. 도시의 현실이 그러하다. 이러한 환경에서 사람들이 자연으로 향하고 다양한 라이프스타일을 추구하려는 것은 너무나도 당연하다.

『트렌드 코리아 2022』에서 소개한 러스틱 라이프의 4단계 층위로 살펴보자. "떠나기-머물기-자리 잡기-둥지 틀기"로 구분했다. 번잡한 도시에서 받는 스트레스라는 작용으로 인해 도시를 떠나 한적한 시골을 찾으려는 반작용이 일어났다. 도시를 떠난 이들이 한달살이와 같은 다양한 거주 형태를 선택하고 다양한 지역에서 머물며 자신의 취향을 찾아간다. 마세플의 주 대상은 귀촌이나 귀농의 형태로 둥지를 트는 것이 아니라 오도이촌이나 듀얼라이프를 통해 '자리 잡기'를 시도한다. 귀농이나 귀촌하기에는 부담스럽고 한달살이가 끝나면 다른 지역으로 거처를 옮겨야 하는 번거로움이 있다. 머물기를 통해 자신의 취향을 찾았다면 다음 단계로 넘어가야 하는데 거기서 부닥치는 어려움과 번거로움을 느끼는 소비자의 니즈를 포착한 것이다.

'머물기' 단계에서 '자리 잡기' 단계로 넘어갈 때 가장 큰 어려움은 경제적인 부담이다. 세컨드하우스와 같은 거점을 마련하려면 큰 비용이 필요하다. 이런 비용을 온전히 내고 구매하는 것은 부유층의 한정된 기회로 받아들여진다. 세컨드하우스의 특성상 사용하는 시간보다 사용하지 않는 시간이 많아서 관리에 어려움이 따른다. 비어 있는 시간이 많을수록 시설의 낙후와 같은 문제가 발생한다.

이러한 소비자의 니즈를 파악한 클리는 사용한 만큼 세컨드하우스를 소유하는 주거 공동소유를 제안한다. 이 사업 모델은 여러 가구가 세컨드하우스를 공유하고 사용한 만큼 비용을 나눠 부담하는 방식으로 운영된다. 이를 통해 세컨드하우스 구매 비용에 대한 부담을 절감할 수 있고 클리의 슬로건인 '사용되지 않는 시간과 공간에 가치를 만든다.'를 실현할 수 있게 된다.

클리는 서울대학교 건축학과 동문들이 모여 만들었다. 이들은 건축 전문가, 공간 전문가, 부동산 전문가들로서 세컨드하우스를 관리하고 유지하는 데 필요한 전문 지식과 노하우를 갖고 있다. 공유경제 서비스는 단순히 만들고 파는 것이 아니라 일정 기간 동안 고객과 함께 사용하며 수익을 창출하고 서비스를 지속해서 제공해야 한다. 부동산 개발과는 달리 공유경제 서비스는 고객이 제공하는 평가와 후기가 서비스의 가치를 크게 좌우할 수 있어 고객과의 소통과 개선이 필수 요소로 작용한다.

이러한 새로운 주거 형태를 통해 한국 사회에 더욱 다양하고 개인 중심의 주거 문화가 형성될 것으로 보인다. 듀얼라이프의 핵심은 한쪽에 치우치지 않고 균형 잡힌 라이프스타일을 누리는 것이다. 자연과 조화로운 주거 공간에서 생활하면서 도시에서의 업무를 수행하는 등의 라이프스타일을 선택할 수 있다. 이를 통해 현대 사회에서 지속가능한 삶을 영위하면서도 개인의 가치와 취향을 추구할 수 있다. 세컨드하우스를 통한 라이프스타일의 변화는 주거 공간에 대한 인식의 변화와 함께 발전하고 있어 보다 선택의 폭이 다양해지고 개인의 삶의 질을 높일 것으로 보인다.

산업사회에서는 경제적 부의 축적과 성취를 중심으로 한 물질주의 가치체계가 주류였다. 이러한 가치체계는 계급과 출신에 의한 차별을 줄이는 역할도 했다. 하지만 동시에 소비와 경쟁의 증가로 인해 인간관계의 소외와 환경 파괴 등의 부작용을 불러왔다. 그리고 부유한 계급들의 사회적 지위와 권력 획득을 촉진해왔다. 하지만 탈산업화 시대의 도래로 탈물질주의가 주목받으면서 모든 개인이 자신만의 라이프스타일을 추구할 기회가 열렸다. 이러한 흐름은 사회적 계급과 차별을 줄이는 데 이바지하며 물질적 측면보다는 개인의 개성과 자기표현을 중시하는 가치체계로 전환을 가속한다.

공동소유의 세컨드하우스를 통한 라이프스타일의 변화는 경제적 부의 중요성을 상대적으로 줄이고 개인의 성장과 행복을 더 중요시하는 새로운 가치체계의 한 축으로 작용하고 있다.

4. 구독 경제
: 돈 내고 경험을 구독하는 시대가 왔다

생산성이 높아진 현대 사회는 제품들로 가득하다. 소비자는 수많은 선택지에서 무엇을 골라야 할지 고민한다. 소비자의 안목이 그만큼 높아졌을 뿐만 아니라 취향도 까다로워졌다. 내 취향대로 고를 수 있을 만큼 그 어떤 시대보다 물질적으로 풍요롭다. 그런데 이러한 소유에 대한 욕망이 이제는 시들해지는 듯하다. 제품 교체 주기와 유행의 변화 등이 워낙 빨라 사람들의 니즈가 소유에서 경험으로 바뀌고 있다.

이제 소비자들은 물건을 구매하고 소유하는 것을 마냥 부러워하지 않는다. 소유하고 간직하는 것은 더 이상 힙하지 않다. 구독 경제를 통해 매번 다양한 술을 받아 마셔보거나 연고도 없는 지역에서 한달살이를 시도한다. 이제 자가로 된 집이 없어도 장소와 날짜에 상관없이 지방에서 살 수 있는 시대가 왔다.

생활 구독 서비스가 일상에서 선택에 대한 고민을 줄여준다

대량생산 시대에는 소비자가 선택할 수 있는 폭이 좁았다. 자연스럽게 소비자는 대중적인 브랜드와 제품을 애용했다. 그러다가 다양한 제품과 서비스들이 넘쳐나게 되면서 선택지가 너무 많아 소비자가 망설이는 상황에까지 이르렀다. 지금은 다품종 소량 생산 시대로 접어들었고 개인 맞춤식 생산과 소비 방식이 대세가 됐다. 그러나 제품과 서비스를 고르는 데 어려움이 없어진 것은 아니다. 같은 제품군에 워낙 다양한 제품이 쏟아지고 트렌드의 변화 주기가 더 빨라지고 있어 소비자는 선택 장애에 시달린다. 이러한 현실에서 구독 경제 서비스가 대안으로 떠올랐다. 다양한 트렌드와 라이프스타일을 쉽게 경험하면서 자신의 취향과 선호를 파악할 수 있게 됐고 선택의 피로가 줄어들었다.

가령 식음료 부문에서는 큐레이션 구독 서비스가 인기를 끌고 있다. 큐레이션이란 개인의 취향을 데이터로 분석하여 적합한 상품을 추천하는 것이다. 식품 구독 서비스는 매일 저녁거리를 고민하는 주부에게 안성맞춤이다. 큐레이션 서비스를 통해 마트에 다녀오는 수고를 덜고 손쉽게 제철 음식에 대한 정보와 재료를 받을 수 있다. 식품에 대한 지식이 많은 큐레이터가 추천하는 품질이 보증된 제품을 받아볼 수 있는 장점도 있다.

'퍼플독'은 월 구독료 3만 9,000원으로 매달 새로운 와인을 집으로 보내주는 국내 와인 구독 서비스다. 설문조사로 고객의 취향을 분석하고 인공지능 프로그램을 활용해 고객에게 맞는 도수와 당도 등을 고려해 적합한 와인을 추천한다. 와인과 함께 와인에 대한 정보가 담긴 가이드북을 보내줌으로써 와인에 대한 이해와 관심을 높인다. 제품을 받아본 후 피드백을 주면 다음 달에 자신의 취향이 한층 더 반영된 새로운 와인을 경험할 수 있다.

식품이나 와인과 같은 큐레이션 구독 서비스는 갈수록 범위를 확장하고 있다. 구독 경제 서비스는 생산과 재고 관리에 부담을 느끼는 기업과 허투루 돈을 쓰지 않으려는 소비자 양쪽 모두를 충족시키는 대안 경제로 떠올랐다. 그리고 소유보다 경험을 중요시하는 소비자의 취향이 더 적극적으로 반영된 시장이다. 소비자는 와인을 마시는 것에서 그치지 않고 자신의 취향을 알아가는 즐거움을 느끼며 다음에는 어떤 제품을 받게 될지 기대한다. 구독 경제 시스템을 통해 단순히 제품만 받는 것이 아니라 그 과정에서 새로운 경험과 가치를 누릴 수 있게 됐다.

주거를 구독해서 원하는 때에 원하는 장소에 살 수 있다

이제는 취미와 생활을 넘어서 주거까지 구독하는 시대가 왔다. 다양한 지역에 살아보면서 내가 어떤 지역에서 살기를 원하는지, 어떤 라이프스타일을 선호하는지 알 수 있다. 원하는 때에 원하는 지역의 숙소를 선택하고 취향에 따라 오션뷰 혹은 숲세권을 선택한다. 부동산 시장이 전세에서 월세로 전환하는 곳이 증가하고 있다고 하지만 월 단위로 계약할 수 있는 곳은 찾기 힘들다. 한달살이나 장기 여행의 수요는 증가하고 있지만 기존 숙박 시스템으로는 비용도 부담스럽고 살고 싶은 지역과 주거지를 고르는 데도 많은 제약이 따른다. 그러나 이제는 달라질 듯하다. 리브애니웨어의 김지연 대표는 원하는 지역에서 최소 6박에서 월 단위로 거주할 수 있는 서비스를 소개했다.

코로나19 이후 재택근무와 원격근무가 발달하고 다양한 지역에서 한달살이를 시도하는 사람들이 생겨나고 있다. 기존 숙박 앱들이 몇 박 며칠 정도의 단기 위주 서비스였다면 리브애니웨어는 중장기 서비스에 중점을 두고 있다. 익숙한 곳은 안정감을 주고 새로운 곳은 설렘을 준다. 리브애니웨어는 낯선 곳에서 한 달이라는 시간을 통해 설렘과 안정을 동시에 누릴 수 있도록 했다. 2022년 기준 전국 3,300여 개 숙소와 제휴를 맺고 누적 다운로드 60만 회 이상과 투자 금액 20억 원을 유치하는 등 성장 가능성을 인정받고 있다.

리브애니웨어의 강점은 저렴한 보증금으로 월 단위로 집을 빌릴 수 있다는 것이다. 앱 내 전자계약서로 부동산 임대차 계약서를 작성하기 때문에 게스트와 호스트 모두 법적 보호를 받을 수 있다. 게스트는 합리적인 가격으로 취향에 맞는 지역에서 중장기로 살아볼 수 있고 호스트는 기존 단기 숙박 앱과는 다르게 장기 투숙객을 유치할 수 있다. 1~2박 손님을 한 달 동안 받으면 한 달에 10번 이상 관리해야 되는 데 비해 한 달에 한 번만 고객과 시설을 관리하면 되는 장점도 있다. 단기 예약 손님은 주말 이용객이 대부분이지만 한 달을 빌리다 보니 10명의 게스트만 받아도 10개월을 공실 없이 운영할 수 있게 된다.

리브애니웨어는 앞서 말한 숲세권, 오션뷰, 재택근무, 직장에서 가까운 거리에서 도보 출퇴근 등 다양한 고객의 니즈에 따라 숙소를 분류한다. 거기에다 고객의 나이, 성별에 따른 선호도, MBTI, 연애 여부까지 데이터로 활용하여 숙소를 추천한다. 안목이 높아지고 경쟁 서비스가 넘쳐나는 시장에서 개인 맞춤형 큐레이션으로 차별화와 경쟁력을 갖췄다.

앞에서 구독 서비스는 경험을 중시한다고 말했다. 여기서 경험은 일반적인 경험이 아니라 '나'만의 경험이어야 한다. 그래서 대부분 구독 서비스는 개인 맞춤형 데이터 분석을 통해 경쟁력을 확보한다. 그렇지 않고서는 시장에서 버티기 힘들다. 이제 1,000명의 고객이 있다면 1,000개의 니즈가 존재한다. 즉 1,000개의 개인화된 경험을 원한다는 뜻이다. 내가 중심인 시대에서 '나'만을 위한 특별한 서비스가 있다면 새로운 경험을 할 수 있는 가치에 끌릴 것이다.

구독 서비스가 여행이 아니라 정주의 가능성을 높였다

'아도레스호퍼'라는 일본의 신조어가 있다. 주소를 뜻하는 영어 어드레스address의 일본식 발음인 아도레스와 메뚜기를 뜻하는 호퍼hopper이 합성어로 주거지를 바꿔가며 살아가는 사람을 뜻한다. 이들을 겨냥한 일본의 스타트업 '아도레스ADDress'는 월 5만 엔(약 48만 원)을 내면 아도레스가 운영하는 전국의 숙소를 이용할 수 있다. 전 세계적으로 워케이션과 듀얼라이프의 수요가 증가하면서 일하는 방식이 바뀌고 있다. 이러한 트렌드에 부합하는 구독 서비스다. 아도레스는 프리랜서를 주 타깃 고객으로 2019년 4월 일본 전국의 13개 거점에서 서비스를 시작해 2021년 3월 약 130개까지 거점을 확대했다.[8] 한곳에서 한 달을 머무는 것이 아니라 한 달 동안 전국에서 머무를 수 있다.

아도레스호퍼를 위한 서비스는 코로나19를 거치며 더욱 확산했다. 재택근무를 하게 된 사람들은 일정한 사무실에서 일하는 노동 형태와 장소의 제약에서 벗어나자 다양한 장소를 찾기 시작했다. 단지 사무실에서 집이나 카페로 장소가 바뀐 정도로 그치지 않았다. 워케이션과 같은 새로운 업무와 생활 방식이 떠오르던 차에 코로나19로 이러한 변화가 더욱 확산했다. 특별한 경험을 선호하는 MZ세대로서는 반길 만한 서비스가 등장한 셈이다. 원격근무와 듀얼라이프도 초기에 프리랜서를 대상으로 시작된 서비스였는데 지금은 직장인과 젊은이들에게로 확산됐다. 이는 전 세계적인 추세다. 일본의 경제 일간지 「니혼게이자이」는 듀얼라이프를 희망하는 일본인이 2018년 11월 14%에서 2020년 7월 27.4%로 약 2배 증가했다고 보도했다.[9]

그동안 듀얼라이프는 동경하더라도 실제로 실현하기에는 경제적 부담이 만만치 않았고 직장 문제 등 해결해야 할 장애물이 많았다. 그런데 구독 서비스가 등장하여 장애물의 상당 부분이 사라졌다. 계층과 연령과 경제적 수준과 상관없이 듀얼라이프를 실현할 수 있게 됐다. 의식주를 아우르는 영역으로 확장되고 있는 구독 서비스를 통해 여행이 아니라 정주의 가능성이 커졌으니 러스틱 라이프의 꿈도 그만큼 현실에 한층 다가서게 된 것이다.

5. 농업
: 농업이 고부가가치 산업으로 변하고 있다

농촌의 현실을 떠올려보면 '사람이 줄어드는 곳' '쉬기엔 좋지만 살기엔 꺼려지는 곳' '시설이 갖춰져 있지 않은 곳' 등 부정적인 면이 먼저 생각난다. 우리나라는 산업화를 거치면서 정부 정책에 의해 도시와 공업 위주로 경제구조가 재편됐고 농업은 사양길로 접어들었다. 그러자 농촌에서 살던 사람들은 도시로 떠났다. 그때의 기억은 아직도 많은 사람의 뇌리에 남아 있다. 사람들이 귀농, 귀촌을 머릿속으로만 생각하고 행동을 망설이는 이유도 이러한 잔상이 남아 있기 때문이다. 농촌으로 가면 현실적으로 생계유지가 어려우리라 생각해 망설이게 된다.

4차 산업혁명은 우리가 생각했던 농업과 농촌의 모습을 바꾸고 있다. 낙후된 산업이라 여겼던 농업이 융복합의 6차 산업으로 떠올랐고 지방은 소멸의 위기를 겪으면서도 새로운 삶의 터전으로 주목받고 있다. 젊은이들 사이에선 농촌이 힙한 관광지가 되고 귀농인 사이에선 농업이 고부가가치 사업이 된 것이다.

새로운 비즈니스로서의 귀농이 6차 산업의 기회를 제공하다

쉴 새 없이 환율을 주시하고 외환시장을 분석하는 외환 딜러 최영철 대표는 인생 2막을 강원도에서 농장을 일구는 것으로 열었다. 그는 제로섬게임 같은 직장 생활에 지쳤고 남은 인생을 어떻게 살지 그려보다가 귀농을 통해 삶의 방향을 바꾸기로 결심했다.

귀농은 '사업'이다. 귀촌은 자본주의에서 벗어나 안정을 누리는 것이고 귀농은 블루오션을 개척해 새로운 비즈니스를 만들어내는 것이다. 최영철 씨도 귀농을 통해 블루오션 사업을 발굴했다. 축산업은 이미 레드오션으로 인식됐다. 하지만 그는 기존 축산업과는 다르게 농축산물을 직접 가공하고 관광과 연계한 방목장을 목표로 인생 2라운드를 설계하고자 한다.

최영철 대표가 축산업을 주목하게 된 계기는 단순했다. 그는 과거 해외 출장에서 현지 딜러들과 함께 목장에서 열리는 가든파티를 즐겼다. 그러다 6차 산업의 비전을 알게 됐고 축산업에서 블루오션 분야를 찾아냈다. 한우 암소 6마리로 목장을 시작했는데 150

마리까지 증가하여 규모를 확장했다. 그의 예상은 적중하는 듯했다. 그러나 순조로워질 줄 알았던 목장은 암초를 만났다. 1997년 IMF 외환위기와 2008년 광우병 사태로 타격을 받게 되자 농업도 결국 사업임을 실감했다. 이내 외환 딜러답게 '달걀을 한 바구니에 담지 말라.'라는 투자 원칙을 세우고 처음 결심했던 목장과 관광사업 연계라는 목표를 잡았다.

그는 귀농을 철저히 비즈니스로 다시 인식한 뒤 산 중턱에 호수를 끼고 있는 자연경관과 목장을 연계해 해피초원목장을 열었다. 1차 제조 산업, 2차 가공 산업, 3차 서비스 산업을 융복합한 6차 산업을 만들어낸 것이다. 해피초원목장은 알프스를 연상케 하는 전망으로 사람들의 이목을 끌면서 춘천의 관광명소로 자리 잡았고 코로나19가 확산하기 시작한 2020년에도 13만 명이 넘는 관광객이 방문했다. 체험 목장 이외에도 춘천시 농촌교육농장 체험처로 지정되어 매년 중·고등학생들의 관심을 유도하고 있다.

최영철 대표와 같이 귀농으로 성공한 이들은 과거의 산업 형태에서 벗어났다는 특징이 있다. 1차 산업에 머무르지 않고 2차와 3차까지 연계하여 6차 산업으로 이어간다. 그래서 융복합 6차 산업이라고 부른다. 대체로 독창적이거나 창의성이 뛰어난 사람들은 남들이 보지 못하는 것을 보는 능력이 있다. 새로운 가치를 알아보고 또 그것을 구체적인 형태로 구현할 줄 안다. 작품이든 상품이든 서비스이든 간에 사람들 앞에 새로운 뭔가를 보여준다. 귀농에 성공한 사람들도 마찬가지다. 남들이 보지 못하는 것을 보는 눈과 새로운 가치를 구현하는 능력이 있다. 21세기가 시작될 때만 해도 1차 산업, 2차 산업, 3차 산업은 레드오션으로 여겨졌다. 레드오션은 '사양 사업'인 동시에 '수요가 많은 시장'으로 볼 수 있다. 시장성은 증명됐기 때문에 레드오션에서 살아남기만 한다면 그만큼 소비자를 확보할 수 있다. 대중의 변화하는 니즈를 파악하고 그 니즈를 새롭게 충족시킬 방안을 마련해 서비스를 제공한다면 충분히 승산이 있는 블루칩을 거머쥘 수 있다.

다양한 사업과 연결하여 새로운 비즈니스 모델을 구축하다

예산사과와인의 정제민 대표는 1989년 캐나다로 이주했다가 그곳에서 아이스와인 제조법을 배웠다. 13년 만에 귀국한 후 아이스와인을 벤치마킹해 사과로 아이스와인을 만들어 가족 사업으로 일구었고 연 매출 9억 원을 달성했다. 정제민 씨는 어떻게 사과로 아이스와인을 만들어 성공할 수 있었을까?

정제민 대표가 캐나다에서 방문한 와인 농가의 모습은 한국과는 사뭇 달랐다. 그곳에서 농장은 카페였고 와이너리였고 잼 공장이었다. 그는 한국의 농업도 1차 산업이라는 범주를 넘어서 다양한 부가가치 사업과 결합하면 좋겠다고 생각했다. 또한 새로운 부가가치 사업은 전통적인 유통망이 갖고 있던 주도권이 농민에게 넘어간다는 긍정적인 효과도 기대할 수 있다. 기존에는 농민들이 생산한 작물 가격을 유통업계와 상인들이 정했다. 그러나 6차 산업의 등장으로 바야흐로 농민이 자립할 수 있는 시대가 온 것이다.

물론 새로운 부가가치 사업은 아이템만이 중요한 것은 아니다. 사업의 본질인 농업 생산물이 중요하다는 것은 변치 않는 원칙이다. 정제민 대표는 "6차 산업이라 해서 가공과 체험관광만 있을 수 없어요. 중요한 건 1차 산업이 굳건하게 버티고 있어야 해요. 좋은 사과가 생산되어야 하고 아름다운 사과밭이 유지돼야 하는 게 첫 번째예요."라고 말했다. 사업의 본질을 소홀히 하고 이것저것 일을 벌이는 것은 빛 좋은 개살구에 불과하다.

귀농에서 또 중요한 것은 이른바 발품을 파는 일이다. 아이디어가 좋다고 해서 무작정 달려들었다가는 쓰라린 실패를 맛볼 수 있다. 그는 귀국 후에 '와인 만들기' 동호회를 만들어 전국 포도 산지를 순례하며 캐나다에서 경험한 6차 산업의 꿈을 키웠다. 이민 생활 중 아이스와인 제조법을 배우고 현장을 직접 둘러보면서 사과밭을 경작하는 35년 경력의 장인어른을 설득했다고 한다. 새로운 사업은 가족 사업을 활성화할 수 있을 것이라는 확신이 들었다. 그리고 융복합 산업이라는 별칭에 어울리는 6차 산업의 특성을 고스란히 살려 각자의 역할을 분담하고 융합했다. 사과 전문가와 와인 전문가가 만나 새로운 상품을 만들고 상품의 제조 과정을 체험으로 만들었다. 정제민 대표의 장인어른이 일궈온 은성농원은 1차 산업으로 7,000평 규모에서 연간 40톤의 사과를 생산한다. 이후 정제민 대표가 양조를 접목한 2차 산업에서 연간 3만 병의 와인을 생산한다. 마지막 3차 산업에서는 와이너리 투어와 사과를 이용한 다양한 음식 만들기 체험을 한다. 농원에서 생산한 사과와 가공품은 현재 백화점과 면세점에 입점하여 판매 중이고 온라인 유통망도 확장했다.

이제는 농업의 범주가 넓어졌다. 생산만 하는 것이 아니라 어떻게 가공할지, 어떤 판로를 짤지 등 새로운 사업 기회를 발굴할 수 있는 개척지로 떠올랐다. 귀농은 사업이다. 사업가는 남들이 일궈 놓은 세상을 그대로 바라보지 않는다. 자신의 경험을 통해 통찰력 있는 시각으로 바라보고 새로운 기회를 발굴하고 가치를 창출한다.

귀농에 실패하는 이유는 당장 수익이 발생하지 않는다고 망연자실하거나 미디어에서 보이는 유행과 성공 사례를 보며 모방만 하기 때문이다. 성공 사례는 분명 롤 모델로 삼을 만하다. 그런데 성공 사례만 주목하고 섣불리 덤벼드는 게 문제다. 1차 산업의 경험도 없는 사람이 2차 산업과 3차 산업을 시도하고 6차 산업으로 성공하기는 무리가 있다. 반대로 오랜 시간 1차 산업에 종사한 이들에게 무턱대고 2차 산업과 3차 산업을 추가해서 6차 산업을 만드는 것도 무리가 있다. 정제민 대표도 15년을 준비하여 와이너리 건물을 지었고 건물을 짓고 나서는 내부 인테리어 비용이 모자라 파라솔을 가져다 놓고 행사를 진행하기도 했다. 그만큼 장기적인 안목과 인고의 시간이 요구된다.

　예전에는 농업이 단순한 생산 활동에 머물렀다. 이제는 땅에 씨를 뿌리고 열매를 수확하는 것이 농업의 전부가 아니게 됐다. 농업에서 발생하는 가치를 다양한 산업과 연결하여 새로운 비즈니스 모델을 구축하고 있다. 농민들의 독립 시대가 왔다. 고개를 조금만 돌리면 농업의 새로운 가치를 바라볼 수 있고 그런 노력을 하는 이들에게 지방과 시골이 '자본주의의 미개척지'로 다가올 것이다.

농사짓기와 양조를 통해 행복한 인생 후반전을 맞이하다

　와인 하면 떠오르는 나라 프랑스. 그런데 어떤 이유에서인지 프랑스의 작은 지방 알자스 출신의 농부가 우리나라 충주에서 농사를 짓고 와인을 양조하고 있다. 컴퓨터 프로그래밍을 하던 도미니크 에어케와 작가로 활동하는 신이현 작가 부부는 충주 땅에서 제2의 인생을 살고 있다. 그들은 어쩌다 와인 선두 국가 프랑스를 벗어나 한국에서 와인 양조장 '레돔' 대표로 제2의 인생을 살게 된 것일까? 아무런 연고 없는 충주에서 과수원과 건물을 빌려 사업을 시작한 프랑스 농부는 잘 정착해 나날이 행복한 인생 후반전을 맞이하고 있다.

　경상북도 청도 출신이자 소설가인 신이현 작가는 파리에서 남편 에어케 씨를 만나 결혼했다. 부부는 늘 한국에서 살기를 원했다. 이윽고 에어케가 한국으로 발령받아 꿈에 그리던 서울 생활을 했지만 순탄치 않았다. 새벽까지 이어지는 업무와 주말에도 이어지는 업무는 동경하던 한국마저 등지게 했다. 1년이 지날 즈음 무엇인가 잘못됨을 깨달았다. 에어케는 더 이상 일을 하지 못할 것 같다며 일을 그만두고 원하는 일을 하고 싶다고 말했다. 무엇을 하고 싶은지 묻는 아내의 질문에 예상치도 못한 대답이 돌아왔다. 농부가 되고 싶다는 것이다. 농사는 힘들다고 만류해 보아도 죽어도 농부가 되고 싶다고 했다. 그런 남편의 말을 거절할 수 없어 지금까지의 삶과는 다른 인생을 살기로 결심했다.

그렇게 부부는 한국을 떠나 프랑스로 돌아갔다. 에어케는 나이 마흔에 농업학교에 진학해 포도 재배와 양조를 배웠다. 하지만 아내는 걱정이 이만저만이 아니었다. 매일 노트북 가방을 메고 출근하던 남편이 하루아침에 청바지를 입고 포도밭으로 출근하게 된 것이다. 졸업장을 손에 쥐고 농사할 곳을 찾던 중 아내는 해외에서 한국말도 나눌 사람 없이 농사지으며 사는 것이 두려워 한국에서 농사짓기를 권유했다. 농사만 지을 수 있다면 어디든 좋다는 남편의 말에 부부는 다시 한국으로 돌아왔다.

사표를 던지고 농업학교까지 졸업했지만 새로운 삶은 예상보다 훨씬 어려웠다. 어디에 정착해야 할지, 어떻게 농사를 지을 땅과 양조장을 찾아야 할지 알지 못했고 고정 수입이 끊긴 상태에서 가족을 봉양하기는 어려운 일이었다. 낯선 시골에서 청년은 찾아볼 수 없었고 동네 분위기와 사람들의 반응은 차가웠고 시골 생활은 어려운 것처럼 보였다. 대기업을 그만두고 시골에서 농사짓는 청년들이 억대 연봉 신화를 만들고 있다는 미디어의 외침이 과연 진실인 건지 의문을 품었다.

그러던 중 술 제조에 대한 궁금증을 풀어줄 수 있는 선생님을 만날 기회를 얻어 충주로 향했다. 처음 보는 사람에게 솔직하게 고민을 털어놓았다. 대화가 무르익자 선생님은 자신의 옆집인 도자기 공방을 작업장으로 사용하면 어떻겠냐며 권했다. 그 순간 물과 공기가 맑고 맛있는 과일이 풍부한 충주에 부부는 사로잡혔다. 우연한 기회와 노력 끝에 운 좋게 작업장과 농지를 확보하며 본격적으로 충주에서의 인생 후반전이 시작됐다.

작업장과 땅이 생기면서 에어케는 천진난만한 아이처럼 새로운 일을 시작했다. 각종 벌레의 울음소리와 새소리를 들을 수 있고 양질의 물이 흐르는 낙원을 상상하며 농사지을 공간을 가꿔갔다. 땅을 어떻게 활용할지, 어떤 작물을 심을지 행복한 생각이 끊이지 않았다. 에어케는 자신이 좋아하는 농사 이야기가 나오면 수다쟁이가 된다. 때로는 욕심쟁이가 되어 아내에게 유기농 소똥을 구해달라고도 하고 벌을 구해달라고도 했다. 한번은 토끼풀 씨앗 20킬로그램을 구해달라고 했다. 토끼풀 씨앗을 공수해오니 색깔이 이상하다며 판매자에게 농약 처리 여부를 물어봐달라고 하는 등 요구는 까다롭고 다채로웠다. 이유가 있었다.

땅을 소중히 여기며 순수한 자연의 향기를 와인 한 잔에 담아내는 것, 이것이 에어케가 지향하는 '작은 알자스'의 철학이다. 와인을 만들고 남은 찌꺼기는 퇴비가 되거나 포도밭을 지키는 거위와 닭들에게 맛있는 모이로 변신한다. 거위와 닭들의 똥은 또다시 퇴비가 되거나 지렁이의 밥이 된다. 지렁이는 돌아다니며 땅에 구멍을 내고 이 공기구멍은 포도나무의 숨통을 트이게 해준다. 부부는 자연과 땅의 상호작용을 통해 와인을 생산하면서 자연과의 조화를 추구하며 이로운 순환을 만드는 데 집중한다. 그들의 노고 덕분에 와인 한 잔에는 자연의 숨결과 고요한 철학이 고스란히 녹아 있다.

내추럴와인은 마치 그 마을의 정수를 봉인한 것과 같다. 이 와인은 마을 땅의 성질, 햇볕, 바람 등 자연의 모든 영향을 받아 완성된다. 시간이 흐를수록 이러한 특징들이 더 깊이 있게 와인 속에 담기게 된다. 유기농 과일을 수확해 살균하지 않고 자연이 준 그대로 과일을 발효해서 와인을 만든다. "농업의 꽃은 술이야." 에어케와 그의 친구들이 자주 하는 말이다. 농사부터 술을 빚는 일까지 쉬운 과정은 하나도 없다. 신이현 작가는 농사지은 재료를 요리하여 차린 식탁에는 꼭 술이 있어야 한다고 말한다. 그녀는 자신을 완성된 식탁을 위해 노력하는 사람이라고 칭한다.

에어케는 추운 겨울날 두터운 점퍼를 입고 모자를 눌러쓰고 포도밭에서 가지치기할 때 가장 행복하다고 말한다. 하루 종일 가지치기해도 지겹지 않을 정도로 일하는 기쁨을 아는 사람이 됐다. 그저 오늘 해야 할 일을 하고 저녁이 되면 야채수프를 먹고 잠이 든다. 의미 없이 죽도록 일하던 시절에 비하면 육체적으로 조금 더 힘들지라도 무엇인가를 창조하고 있는 지금의 삶에 만족한다.

신이현 작가도 마찬가지다. "대박 나세요." "성공하세요."와 같은 말에 의미를 두지 않는다. 또다시 어디로 튈지 모르지만 이미 원하는 삶을 살고 있다. 신이현 작가는 저서 『인생이 내추럴해지는 방법』에서 남편과 함께 와인을 만들며 경험한 장밋빛 이야기를 펼쳐 놓았다. 그녀는 이렇게 말한다. "끝을 알 수 없는 한 편의 스릴러처럼 흥미롭다. 엄청난 부자가 되어 난리가 나는 건 아닌지 모르겠다. 빚을 잔뜩 지고 밀항선에 몸을 숨기느라 진짜 뜨거운 난리가 날지도 모른다. 어느 것이 되어도 상관없다. 중요한 건 지금 우리는 후회 없이 꿈을 꾸었다고 노래할 수 있기 때문이다."

귀농은 수익성과 아이템을 고려해야 하는 현실적인 사업이다

귀농과 귀촌은 농촌으로 온다는 공통점이 있지만 직업을 농업으로 삼느냐에 차이가 있다. '귀촌'은 거주지를 농어촌 지역으로 이주하여 농업 이외의 직업을 주업으로 하는 형태를 가리킨다. '귀농'은 거주지를 농어촌으로 옮길 뿐만 아니라 농업으로 생계를 이어나가는 것이다. 귀농은 비즈니스적인 요소가 많이 포함되어 있으므로 수익성과 아이템 등을 충분히 고려하여 사업으로 생각하는 것이 중요하다. 성공한 귀농 부자들의 공통점은 귀농을 사업으로 생각하고 수익성과 아이템 등 다양한 요소를 충분히 고려한 뒤 제2의 인생을 시작했다는 것이다. 귀농을 고려하고 있다면 로맨틱한 이상만을 추구하지 말고 현실적인 계획과 전문 지식을 쌓고 사업적인 관점을 고려하는 것이 중요하다.

각종 미디어에서 귀농을 소개한다. 저금리 대출과 귀농인을 위한 다양한 지원 사업을 비롯하여 억대 연 매출을 올리는 소수의 성공 신화를 보여주고 대중의 관심을 불러일으킨다. 미디어가 보여주는 성공 사례만 보고 혹해 귀농하면 고난과 시련을 떠안게 될 수 있다. 앞서 말했듯이 귀농은 사업이다. 부푼 환상을 가지고 귀농해서 돈을 벌지 못한다면 농촌 생활은 낭만도 행복도 없다. 낭만은 실현 가능한 현실에서 나오는 것이다.

『젊은 귀농 부자들』의 저자 조영민은 귀농에 성공한 29명의 귀농 부자의 공통점으로 목표, 고집, 즐거움, 시간 등을 꼽는다. 가령, 귀농에 앞서 자신이 어떤 작물을 키워서 언제쯤 손익분기점을 넘을 수 있는지 구체적인 '목표'가 있어야 한다. 다음은 '고집'이다. 정보통신기술이 발달한 현대 사회에서 수많은 정보를 모두 수용하려면 끝이 없을 것이다. 충분한 사전 조사를 마치고 목표 달성을 위한 자신만의 고집으로 노력해야 한다. 하지만 자신의 착각이나 독선을 고집으로 오해하는 이들이 있다. 토지에 맞지 않는 작물을 선택하거나 부가가치가 높은 작물만을 선택한 착각을 노력으로 밀고 나가는 이들이다.

　이러한 착각이 단순한 실수로 이어지면 그나마 다행이다. 자칫하면 사업의 존폐를 흔들어놓는 실패가 될 수도 있다. 특히 유행과 모방에 휩쓸려 귀농이나 농업 아이템을 결정하는 과정에서 착각한다면 아주 곤혹스러운 상황에 부닥칠 수 있다. 패션과 소비 트렌드에 유행이 존재하는 것처럼 농업에도 유행이 존재한다. 예컨대 장마와 태풍으로 인해 대파 값이 폭등하자 이 기회를 잡기 위해 너도나도 파 농사를 짓는 바람에 그다음 해 대파 값이 폭락하고 말았다. 유행을 따라 작물을 선택했다가 낭패를 보게 된 꼴이다.

　모방도 마찬가지다. 미디어의 성공 사례만을 보고 '똑같이 따라 하고 노력한다면 부자가 될 수 있겠지.'라는 착각을 한다. 면밀한 벤치마킹이나 자기만의 차별화에 대한 고민도 없이 덤벼든다. 그러나 과정 없는 성공은 없다. 난관에 부딪히면서 보완점을 생각하고 새롭게 적용해야 한다. 성공한 사람의 노하우는 그만의 것이다. 자신만의 노하우는 부딪히고 실패하면서 얻는 것이지 무작정 따라 한다고 얻을 수 있는 게 아니다.

　귀농에 성공한 사람들은 모두 자기 삶에 만족하고 있다고 말한다. 그 이유는 무엇일까? 자기 삶이 즐겁지 않다면 모든 것이 갖춰진 도시에 비해 불편하기 그지없는 농촌에 굳이 내려올 이유가 없지 않은가. 귀농 부자들은 자신이 선택한 농촌 생활에서 즐거움을 느끼고 시간에 조급해하지 않는다. 작물을 수확하려면 씨를 뿌리고 1년이란 시간이 필요하다. 가축을 기르는 것은 더 오래 걸린다. 기다림의 미학을 알기에 조급해하지 않는 것이다. 마음에 여유를 갖고 작물이 성장하는 과정을 즐겁게 바라본다.

조금이라도 귀농의 성공 확률을 높이려면 자기만의 고집을 부려야 하지만 열린 귀와 마인드도 갖춰야 한다. 도시에서 귀농을 고민하는 사람 중에는 농사에 대해서 아무것도 모르거나 알더라도 피상적인 지식만을 가진 사람들이 많다. 아무런 경험이나 지적 자산도 없이 뛰어드는 것은 필패의 지름길로 들어서는 것과 다를 게 없다. 이러한 치명적인 결함을 극복하려면 지자체의 교육을 받고 멘토의 조언을 충분히 듣는 게 중요하다. 다행히도 여러 지자체에서 다양한 교육과 지원 프로그램을 갖추고 있으니 적극적으로 활용할 수 있다. 그리고 가능성이 없는 것을 포기하는 것은 체념이 아니라 적극적인 수용이다.

딸기 농사를 짓는 것에도 전략적인 접근과 고민이 필요하다

경주에서 상평농원을 운영하는 박기원 대표의 처음 좌우명은 "큰 꿈을 가지고 최선을 다하자." "남들에게 피해를 주지 말자."였다.[13] 농생물학을 전공한 그는 학사 시절 곤충연구원 인턴으로 시작해 5년 동안 일을 하고 수석연구원 타이틀을 얻었다. 하지만 그 타이틀이 그에게 행복을 가져다주지는 못한 듯하다. 그는 연구원

생활 도중 문득 행복한 삶에 대해 생각하게 됐고 연구원으로는 미래의 행복에 대한 확신을 가질 수 없었다.

그는 좌우명을 '행복한 삶을 살자.'로 바꿨다. 그리고 자신이 살고 싶은 행복한 삶을 고민하다가 지극히 단순한 결론을 얻었다. 가족과 함께 식사하고 좋은 시간을 보내는 것이 행복임을 깨달았다. 그러나 직장을 다니면서는 그런 시간을 가지는 게 쉽지 않았다. 그가 고민하던 차에 때마침 아버지로부터 귀농 권유를 받았다. 34년 동안 딸기를 재배해오신 아버지에게 딸기 농사를 함께 짓자는 말을 듣고 경주로 내려가 인생 2막을 시작했다.

1차 생산으로 더 많은 돈을 벌기 위해서는 도매 비중을 줄이고 소매 비중을 늘려야 한다. 농장이 아무리 깨끗하고 작물 상태가 좋아도 소비자가 모르면 아무 소용이 없기 때문이다. 공판장에 가면 많은 물량을 팔 수는 있지만 소매보다는 적은 금액을 받아야 하는 게 현실이다. 박기원 대표는 처음에 택배 판매를 할 때 딸기 재배 경력이 많은 아버지의 이력을 사용했다. 그러다가 점차 인지도가 쌓이자 직접 나서서 온라인 스토어를 개설했다. 당시 임신 중인 아내가 딸기를 먹는 모습을 보여주며 '임산부 딸기'라는 키워드를 언급해 소비자가 신뢰할 수 있고 건강한 상품에 대한 자부심을 보여주었다.

그는 연구원 시절과 비교해보면 무엇보다 자신의 시간이 많은 것을 장점으로 언급했다. 일한 만큼 쉬어도 되고 힘들면 그만하면

된다. 하지만 그도 귀농을 사업적 관점에서 접근해야 한다는 것을 잊지 않는다. 그는 귀농을 꿈꾸는 청년들에게 "귀농은 농사를 짓는 것이 아니라 사업을 하는 것으로 생각했으면 좋겠다."라고 말한다. 귀농의 장점을 자신의 시간을 많이 갖는 것이라고 말한다. 하지만 정작 그는 1년에 쉬는 날이 며칠 되지 않는다. 자신이 사장이어서 원하는 때에 쉴 순 있지만 농사는 정직하다. 농사란 노력한 만큼 성과로 돌아오는 것이기에 아무 때나 쉴 수 없다. 그 말인즉슨 자신의 노력에서 만족과 성취감을 얻을 수 있을 정도로 일을 손에서 놓지 말아야 한다는 뜻이다.

딸기 농사도 치열한 경쟁이 펼쳐지는 레드오션이다. 이미 선호도 1위를 차지하고 있을 만큼 많은 사람이 눈독을 들인다. 그런데도 이 시장에 뛰어들려면 치밀하고 섬세한 영업 전략이 필요하다. "딸기 재배는 레드오션이니 체험형으로 승부를 보겠다."라는 이들이 있다. 하지만 체험농장을 하려면 시설에 투자해야 하는데 박기원 대표는 쉽지 않다고 충고한다. 1차 생산의 비중을 줄이고 서비스업으로 채울 수 있을지 생각해봐야 한다며 현실적인 조언을 건넨다. 또 멘토가 있다면 적어도 6개월, 길게는 1~2년 무조건 따라 해보는 방식을 추천한다. 교육을 통해 얻은 새로운 지식도 있겠지만 경험이 부족하므로 무작정 도전하기보다 멘토의 도움을 받아 자신의 농장에 적합한 방법을 찾아가야 한다고 말한다. 그는 향후 계획으로 1차 생산부터 가공, 체험, 서비스업까지 하는 6차 산업을 목표로 하고 있다. 하지만 그렇게 하기 위해서는 돈이 있어야 하므로 끝까지 현실적인 포부를 가지고 천천히 실현하고 있다.

누군가에게 귀농은 선택이 아니라 생존을 위한 도피처가 되기도 한다. 도시에서의 삶이 녹록지 않거나 신체적 피로와 정신적 스트레스가 쌓여 건강 문제가 발생하는 등 여러 문제를 해결하기 위해 귀농을 해결책으로 삼는다. 하지만 지방 이주란 단순히 낭만이 아니다. 인생 2막을 위한 현실적인 준비가 필요하다. 큰 환상을 안고 지방으로 떠난 이들은 현실의 괴리감을 견디지 못하고 도시로 돌아오는 경우가 많다. 지방 이주를 결심하는 동기는 다양하다. 하지만 귀농했다면 당장 보이는 결과에 연연하기보다 사업가의 마인드로 바라봐야 한다. 그리고 자신만의 속도로 천천히 이뤄내는 과정에서 즐거움과 느림의 미학을 찾아야 한다.

6. 지역경제
: 디지털 노마드의 로컬 정착이 지역경제를 활성화시키다

　디지털 경제의 급속한 발전으로 인해 산업 간 경계가 모호해지는 현상, 일명 '빅블러Big Blur 시대'가 도래하고 있다. 과거에는 하나의 업종이 하나의 업태에 집중했다. 하지만 이제는 그 경계가 더 이상 명확하지 않다. 예를 들어 스마트폰 제조사인 애플은 온라인 동영상 서비스OTT인 애플티브이플러스를 출시했다. 테슬라는 인공지능AI 기술을 활용하여 차량의 주행 데이터를 분석하고 개별 운전자의 사고 위험을 계산하여 보험료를 책정한다. 이러한 빅블러 현상은 일과 삶의 경계마저도 흐릿하게 만들고 있다. 우리의 생활 방식과 업무환경이 유연하게 통합되면서 이제는 휴식을 취하며 일을 하거나 일을 하면서 휴식을 취하는 시대가 도래했다.

코로나19 이후 사람들은 업무를 수행하는 장소가 반드시 사무실이어야 한다는 제한적인 인식에서 벗어나게 됐다. 이러한 변화는 워케이션 문화의 발전을 촉진했다. 워케이션 시장은 강원도가 선도하고 있다. 교통 인프라가 강화되어 수도권에서 접근하기 쉽고 산과 바다와 인접한 자연환경과 지자체의 적극적인 지원도 영향을 미쳤다. 코로나19 이후의 업무환경 변화와 워케이션 문화의 발전은 강릉을 워케이션의 성지로 만들었다. 사무용 가구 브랜드 '데스커'가 운영하는 '데스커 양양 워케이션'과 '더웨이브컴퍼니'가 운영하는 '파도살롱'이 그 중심에 있다.

디지털 노마드의 성지 강릉에서 더웨이브컴퍼니와 함께하다

최지백 더웨이브컴퍼니 대표는 '지역에 새로운 물결을'이라는 슬로건 아래 로컬 크리에이터를 양성하는 엑셀러레이팅 프로그램과 지역 문화 행사를 기획하고 창의적으로 재해석하는 로컬 브랜딩뿐만 아니라 '2021 청년 마을 만들기 지원 사업'에도 참여하고 있다. 더웨이브컴퍼니의 비전은 강원 지역에서 모두가 하고 싶은 일을 통해 성장하고 풍요로운 삶을 누리는 것이다. 도시에서의 삶과는 다르게 지역으로의 이주를 선택한 사람들도 그곳에서 삶을 만족스럽게 살 수 있다는 메시지를 전달하고자 한다. 하지만 다른 지역으로 이주가 항상 낭만적이진 않다. 새로운 환경에 적응하고 도전하고 자기 자신을 찾아가는 과정은 여전히 고군분투가 수반된다.

최 대표는 지방에 청년이 없는 것이 문제가 아니라 지방에서 청년이 빠져나가는 것을 문제로 제기했다. 지역에서 하고 싶은 일을 찾을 수 없고 적절한 커뮤니티나 지원 시스템이 부족하다는 점을 지적한다. 최 대표는 강릉으로의 이주를 고려하는 다른 지역 청년들을 위해서도 커뮤니티가 필수적이라고 강조한다. 이주 후에 강릉에서 정착하고 성공하기 위해서는 지역 내에서의 네트워크와 경험이 중요하다고 말한다. 그는 단순히 일자리를 찾아 일하는 것으로는 부족하고 지역을 경험하고 지역의 특성을 이해하며 경험 자산을 쌓는 것이 지역 내 정착 확률을 높일 수 있다고 전한다.

더웨이브컴퍼니가 운영하는 일로오션 워케이션 프로그램 중 하나인 파도살롱은 강릉의 원도심 명주동에 자리 잡고 있다. 파도살롱은 디지털노마드를 비롯한 프리랜서, 직장인, 학생 등 강릉을 찾아온 모든 이들을 위한 코워킹스페이스다. 파도살롱이 추구하는 코워킹스페이스는 먼저 일하는 공간이라는 본질을 고려하여 설계됐다. 이용자들을 위한 넉넉한 크기의 사물함, 대형 TV, 화이트 보드가 갖춰진 회의실, 그리고 로컬 카페에서 로스팅한 원두커피가 무제한으로 제공되는 커뮤니티 바 등이 비치되어 있다. 코워킹스페이스는 혼자 작업하는 것뿐만 아니라 다양한 사람들과 협업하며 커뮤니티 안에서 시너지 효과를 낼 수 있는 환경을 제공한다.

코워킹스페이스의 가장 독특하면서도 강력한 특징 중 하나는 커뮤니티 중심의 환경을 제공한다는 점이다. 팀별로 독립된 사무실을 사용하는 것이 아니라 다양한 지역과 다양한 업무 분야에서 온 사람들이 한 공간에서 일하고 협업함으로써 새로운 가치를 창출한다. 코워킹스페이스를 이용하는 사람들은 업무를 단순히 돈을 버는 행위로 보지 않는다. 그들은 업무를 통해 자신의 존재 가치를 더욱 확신하고 자아를 발견하며 성장한다. 이러한 환경에서 지역에 머무르고 싶다는 욕구가 강화되며 더 나아가 자신의 삶과 업무를 조화롭게 조절하며 원하는 삶을 실현하려고 노력하게 된다.

디지털 노마드는 지역을 이동하며 삶을 즐기는 동시에 자신이 머무르는 지역에 긍정적인 영향을 미칠 수 있는 주요한 역할을 하고 있다. 먼저 지역 카페, 레스토랑, 상점 등을 방문하고 지역 제품을 소비함으로써 지역경제에 이바지한다. 지역에 머무르면서 지역 문화와 교류하고 문화 행사에 참여함으로써 지역 커뮤니티와 조화를 이룬다. 또한 기업이 지원하는 워케이션 체험 프로그램을 통해 자발적으로 봉사활동을 하거나 사회 참여 프로젝트를 진행함으로써 지역사회에 이바지한다. 지역은 워케이션 서비스를 통해 디지털 노마드를 유치하고 유지함으로써 지역 공동체에 활력을 불어넣고 지속해서 발전하고 활성화될 수 있을 것이다. 지역에 정착한 디지털 노마드는 지역 경제와 지역 커뮤니티와 선순환 구조를 형성하기 때문에 현대 사회에서 이들의 역할은 더욱 중요해지고 있다.

혁신적인 로컬 업무환경으로 디지털 노마드의 휴양지를 만들다

서핑으로 성지가 된 양양. 그곳에 사무 가구 브랜드 데스커의 워케이션 센터가 들어섰다. 서핑과 업무. 이 역시 어울리지 않은 조합처럼 보인다. 데스커는 왜 서핑 중심지에 워케이션 센터를 차렸을까?

데스커의 워케이션 센터는 양양 서핑의 중심인 인구해변과 죽도해변에 자리하고 있다. 데스커가 운영하는 건물은 총 3채다. 먼저 워케이션 센터는 1층 공유오피스, 2층 집중형 오피스와 숙소, 3층 4인용 숙소, 4층 미팅룸으로 구성되어 있다. 벽돌담을 두른 워케이션 가든은 1층 공유오피스, 2층 숙소로 구성되어 있다. 워케이션 스테이는 2~4층은 숙소, 4층은 커뮤니티 라운지로 이용된다. 3채 모두 양양의 뷰를 만끽할 수 있는 건물이기도 하다.

사무 가구 브랜드라는 인식 때문에 숙박 시설의 품질이 낮을 것이라는 선입견이 있을 수 있다. 하지만 숙소는 고밀도 수면 브랜드 슬로우베드와 제휴하여 숙소 공간을 제공하고 죽도해변과 인구해변이 바라다보이는 오션뷰까지 갖췄다. 사무 가구 브랜드의 명성에 맞게 워케이션 센터 내의 공간에서 사용되는 가구는 자사 제품으로 구성되어 편리하고 품질 좋은 환경을 제공하고 있다. 데스커의 워케이션 패키지에는 숙소 공간과 오피스 공간 이용권만이 들어 있는 게 아니다. 양양에서 즐길 수 있는 원데이클래스(아침 명상 체험, 조향 클래스, 요가 클래스 등), 호텔 야외풀 무료 이용, 서핑 등 일과 후 프로그램, 호텔 조식 제공 등 양양 지역 업체와 제휴하여 다양한 할인 혜택을 제공하고 있다. 사무 가구 브랜드로 잘 알려진 데스커는 이제 워케이션 문화를 퍼뜨리는 기업으로 업그레이드하고 있다. 업무와 업종의 경계가 흐릿한 숙박 시설과 코워킹스페이스를 통해 고객은 혁신적인 업무환경을 경험할 수 있다.

일과 휴식이 공존하는 워케이션. 디지털 노마드는 인터넷과 노트북만 있으면 어디서든 일을 할 수 있다고 믿는다. 시공간의 경계를 두지 않고 자유롭게 움직이며 생활한다. 이들은 워케이션의 무게 중심을 휴식보다는 업무에 두고 있다. 디지털 노마드를 위한 안정적인 인터넷 연결, 조용한 작업환경, 협업 공간 등은 필수 요소로 작용한다. 자연 속 워케이션의 경우 퇴근 후 다양한 레저 활동과 문화 이벤트에 참여함으로써 자신에게 맞는 라이프스타일을 추구할 수 있다. 디지털 노마드와 워케이션은 현대 사회에서 새로운 흐름을 모색하는 주요 주제 중 하나다. 지역사회에 오랜 기간 머무르는 정주 인구를 유치함으로써 지방 소멸을 막는 대안으로 부상하고 있다. 이주민의 유입은 지역경제에 활력을 불어넣을 뿐만 아니라 문화 교류와 다양성을 촉진하여 지역사회 전체에 이로운 영향을 미치게 된다.

디지털 노마드는 '노마드'라는 말이 상징하듯이 마치 유목민처럼 이동하며 살아간다. 그들은 이동에 대해 심리적 장벽이 상대적으로 낮다. 시공간의 경계 없이 누구와도 연결될 수 있다는 사고방식을 갖고 있기 때문이다. 그렇다고 그들이 유목민이나 이주민이라는 정체성만 가진 것은 아니다. 어느 지역으로 이동하든 어느 정도는 일정한 곳에 자리 잡고자 하는 욕구가 있다. 디지털 노마드는 안정적인 정착지를 찾기 위해 끊임없이 이동하며 다양한 활동을 하고 경험을 쌓는다. 이동의 목적은 결국 안정을 찾는 것이고 자신의 정체성을 찾는 것이다. 이들은 노마드적인 생활 방식과 안정된 지역주민이 되고자 하는 복합적인 정체성을 함께 추구하며 지역사회와 협력적인 관계를 형성한다.

아이덴티티를 살리는 선순환 구조로 지역경제를 활성화시킨다

"사람은 나면 서울로 보내고 말은 나면 제주로 보내라."라는 말처럼 고도성장 시기에 지방 도시의 인재들은 꾸준히 서울로 향했다. 남겨진 지방 도시는 쇠퇴하며 뒤늦게 서울을 닮기 위해 노력했다. 신도심을 만들고 서울의 사업 아이템을 따라 하는 가게들이 많이 생겨났다. 아이러니하게도 이러한 행위는 오히려 서울을 더욱 문화와 산업의 중심지로 만들었고 지방 도시는 자존감과 정체성을 잃어버렸다. 이제 우리는 새로운 관점에서 지역경제 활성화를 고민해야 한다. 이는 단순히 서울을 따라 하는 것이 아니라 지방 도시가 갖고 있는 독특한 장점과 가치를 발견하고 이를 바탕으로 새로운 선순환 구조를 형성하는 것을 의미한다.

지방 도시는 다양한 자원과 잠재력이 있지만 아직 부족한 부분들이 많다. 양질의 일자리는 물론 교통과 문화 인프라도 크게 부족한 실정이다. 이러한 상황에서 세대를 불문하고 사람들이 도시에 환멸을 느끼고 지방에 환상을 품는다는 것은 잃어버린 지방의 자존감과 더불어 지역경제 활성화까지 되찾을 수 있는 절호의 기회. 이들은 지방에서 새로운 기회와 삶의 방식을 찾고자 한다. 이는 곧 지방 도시의 재생과 활성화를 위한 중요한 시발점이 될 것이다. 이들이 하는 일은 단순히 돈을 벌기에만 국한되는 것이 아니라 자신을 표현하는 수단이자 지속가능한 삶을 나타내는 방법이기도 하다.

지방 도시가 활성화되려면 먼저 양질의 일자리 창출이 필수적이다. 이를 위해서는 산업 다각화와 창업환경 조성이 필요하다. 예를 들어 지역성과 문화적 자원을 기반으로 한 중소기업을 육성하고 지원하는 것이 중요하다. 이를 통해 현지 경제가 다양한 산업 분야에 걸쳐 성장하게 되어 지역 내 소비 활동 증가와 일자리 창출을 끌어낼 것이다. 중앙정부와 지방정부는 법적 지원과 재정적 지원뿐만 아니라 상담, 교육, 네트워킹 기회 제공 등을 통해 창업 생태계를 지원해야 한다.

그다음으로 중요한 것은 지방 도시 주민이 스스로 자신들의 고유한 가치를 발견하고 존중하는 마음가짐을 갖는 것이다. 정체성을 잃어버린 지방의 자존감을 회복하고 그들만의 창의적이고 독특한 아이덴티티를 발전시키는 것이 필요하다. 이를 위해서는 자신의 뿌리와 역사를 되새기고 지역사회와 협력하여 그들만의 브랜드를 만들어 나가야 한다. 지방 도시의 과거와 현재와 미래를 이해하고 공유함으로써 지역주민들은 자신들의 고유한 가치를 더욱 명확하게 인식할 수 있을 것이다. 이는 지방 도시의 사회적 통합과 화합을 촉진하는 중요한 과정이다.

지방 도시의 활성화는 결국 주민과 크리에이터 등 개개인의 자아 발견과 창조적인 노력에 달려 있다. 자신들만의 가치와 독특한 아이덴티티를 표현하려는 노력은 새로운 콘텐츠와 혁신적인 아이디어로 이어질 것이다. 규격화되지 않고 자유로운 콘텐츠를 창조하는 크리에이터에게 지방 도시는 창작의 보고가 될 것이다. 이들이 지방으로 향하는 여정에서 자아를 발견하고 창의적인 시도를 하는 과정을 통해 자신만의 특별한 정체성을 더욱 발전시킨다면 그 결과로 그 지방 도시는 더욱 활기차고 다채로운 공동체로 성장할 것이다.

7. 창조성
: 로컬 크리에이터가 불모지를 창조적인 로컬로 변화시키다

스코틀랜드 위스키를 남양주에서 만들다

코로나19의 이후 사람들은 자연스럽게 집에서 술을 즐기게 됐다. 2021년 롯데멤버스가 실시한 설문조사에 따르면 2,000명 중 83.6%가 집에서 술을 즐긴다고 밝혔다. 코로나19 이전의 기록인 40%와 비교하면 두 배가 넘는 사람들이 집 안이라는 편안한 공간에서 술을 즐기는 여유를 만끽하고 있다.

2021년에는 와인과 위스키 분야에서 놀라운 성장세를 보였다. 와인과 위스키 제품의 매출이 2020년 대비 418% 증가한 것으로 나타났다. 한편 2022년 기준으로 한국의 위스키 소비량이 세계에서 가장 빠르게 증가하고 있다. 영국 리서치 회사 유로모니터인터

내셔널은 한국의 위스키 소비량이 전년 대비 45.9% 증가하여 총 1,420만 리터를 기록했다고 보도했다. 이는 2021년 세계 평균 위스키 소비 증가율인 8.5%를 훨씬 뛰어넘는 수치다.[14] 코로나19로 인해 집에서 술을 마시는 수요가 증가하면서 고급 주류인 위스키 수요도 같이 증가한 것으로 분석했다.

하지만 아직 우리나라에서 위스키 분야는 수입에만 의존하는 구조가 고착되면서 생산 분야 경쟁력이 낮다. 라이프스타일 강국으로 도약하기 위해서는 수입에만 의존하는 것으로는 부족하다는 것을 인식해야 한다. 이제 우리나라도 라이프스타일을 제안하고 명품을 생산할 때가 됐다. 이런 불모지 속에서 국내 최초의 싱글몰트 위스키가 성공적으로 탄생했다. 2021년 9월 쓰리소사이어티스에서 선보인 위스키 기원은 경기도 남양주에 있는 증류소로 오픈런을 일으키며 2023년 매출은 6개월 만에 전년 대비 180% 상승한 매출을 기록했다.

우리나라 수제 맥주 1세대로 꼽히는 핸드앤몰트의 설립자 도정한 대표가 바로 지금의 기원을 만들어냈다. 마이크로소프트에서 최연소 임원을 할 만큼 능력을 인정받았지만 2012년 돌연 회사를 나와 술집을 차렸다. 그는 "대학 졸업 후 한국에 들어오고부터 취미로 홈브루잉을 할 정도로 크래프트 맥주에 관심이 많았다."라며 "수제 맥주를 마시며 좋아하는 사람들의 얼굴을 보면서 '저 맥주가 내 맥주였으면 얼마나 좋을까!'라고 생각한 것이 핸드앤몰트 설립으로 이어졌다."라고 말했다.[15] 2014년 창업한 핸드앤몰트는 좋은 재료와 일관성 있는 맛으로 인정받아 프리미엄 수제 맥주 브랜드로 입지를 굳혔고 연 매출 60억 원의 신화를 이룬다. 2018년에는 세계 최대 맥주회사 AB인베브에 회사를 매각해 엑시트까지 성공했다.

이후 도정한 대표는 새로운 도전에 눈을 돌렸다. 그의 시선은 위스키로 향했다. 오랫동안 맥주를 만들어오면서도 마음 한구석에는 항상 한 가지 의문이 남아 있었다. "우리나라가 만든 위스키는 왜 없을까?" 1980년대에는 정부 차원의 국산화 시도가 있었지만 대중의 관심을 사로잡지 못했다. 무더운 냉랭함이 느껴졌다. 그 이후로 약 40년 동안 국내에서 단일 증류소에서 만든 위스키는 찾아볼 수 없었다. 그러나 그는 그런 시대적인 흐름에 물들지 않았다. 그는 깊은 고민 끝에 결단을 내렸다. "내가 직접 해보자." 뛰어난 도전 정신과 끊임없는 호기심이 그를 움직였다.

도정한 대표와 스코틀랜드에서 온 42년 경력의 마스터 디스틸러이자 블렌더인 앤드류 샌드는 한국 최초의 위스키 증류소의 터를 남양주로 선택했다. 그 이유는 두 가지였다. 첫째는 깨끗한 물이었고 둘째는 극과 극의 기후였다. 깨끗하고 투명한 물은 위스키를 만들기에 아주 적합한 재료다. 위스키는 곡물을 증류한 술로 기온이 높으면 알코올이 빠르게 증발해 제조가 어렵다. 위스키 종주국인 스코틀랜드는 연간 증발하는 위스키 원액량이 1~2%로 위스키를 만들기에 매우 적합한 기후다. 하지만 한국은 여름과 겨울의 기후가 극과 극이어서 20~30년간 숙성한 고급 위스키를 생산하기 어려운 환경이다.

하지만 도정한 대표는 이러한 한국의 극단적인 기후도 하나의 가능성으로 생각한다. 한국은 여름은 덥고 겨울은 춥다. 나무가 팽창과 수축을 반복하는 과정에서 술에 좋은 성분이 빠르게 배어들면서 상대적으로 짧은 기간에 빠르게 숙성할 수 있도록 돕는다고 말한다. 앤드류 상무도 한국에서 4~5년 정도만 숙성해도 스코틀랜드에서 10년 숙성한 맛을 표현할 수 있다고 말한다.[16] 쓰리소사이어티스는 14개월 만에 자신들의 첫 싱글몰트 위스키 기원을 세상에 선보였다. 기원이라는 이름은 두 가지 의미를 담고 있다. 하나는 한국 위스키 역사의 시작이라는 뜻을 담았고 다른 하나는 세계적인 위스키로의 도약을 꿈꾸는 바람을 담았다.

도정한 대표는 더 나아가 경기도 가평에 3,000평 토지를 매입해 보리를 키우고 있다. 위스키 출고 가격을 낮추기 위해 100% 국내 보리를 사용하여 위스키를 만들겠다는 것이다. 국산 보리는 수입품보다 알이 작고 위스키 제조에 적합하지 않아 수입 보리를 사용하다 보니 출고 가격이 높다. 국내 위스키의 세금 책정 기준은 출고가가 높을수록 세금이 높아지는 종가세 구조인데 세제 구조는 쉽게 바뀌지 않을 것이다. 그래서 그는 원료를 국내에서 직접 키워 전통주를 만드는 길을 추구하고 있다. 남양주에서 시작된 꿈은 언젠가 큰 파동을 일으키는 희망찬 이야기의 서두일지도 모른다.

로컬을 추구하는 이들이 공통으로 하는 말이 있다. '하고 싶은 일을 하며 살고 싶다.' '나답게 살고 싶다.'라는 것이다. 즉 나다움이 선택의 이유다. 러스틱 라이프를 꿈꾸는 이들은 과연 로컬에서 그 꿈을 실현할 수 있을까? 답은 분명하다. 한국 사회는 다양성과 나다움을 추구하는 탈산업화 시대로 접어들고 있다. 한국 사회가 개인의 삶과 다양성을 중시한다면 로컬을 중심으로 한 변화는 더 이상 피할 수 없을 것이다. 친환경, 커뮤니티, 개성, 다양성 등 삶의 질을 결정하는 요소들이 로컬에서 빛을 발하고 있기 때문이다.

로컬 사업은 '지역성'이 핵심이다. 자연환경, 오래된 역사, 풍요로운 문화와 다채로운 지리, 시대를 들여다볼 수 있는 건축물과 그 안에서 이뤄지는 활기찬 커뮤니티들. 이 모든 것이 지역성이 갖고 있는 경쟁력이다. 로컬 사업은 단순히 개인과 기업의 경제적인 성공만이 아니라 지역 상생을 지향하는 원칙에서부터 출발한다. 국가 차원에서 로컬 트렌드에 주목해야 하는 이유다. 지역이 번영함으로써 나다움과 개성을 추구하는 인재들은 더 이상 도시로 떠나지 않고 지역을 선도하게 된다. 지역이 발전하면 인재 유치에 더욱 유리해져 지역 발전을 주도하는 선순환 구조를 만들어낼 수 있다.

새로운 지역 산업을 창출하고자 할 때 과거처럼 단순히 어떤 산업을 정하고 투자하는 전통적인 방식은 더 이상 적합하지 않은 시대가 됐다. 정부는 이제 로컬 크리에이터가 성장할 수 있는 환경을 조성해야 한다. 이는 단순히 재정 지원이 아니라 교육과 훈련을 통해 새로운 아이디어와 기술을 육성하는 것이 필요하다는 뜻이다. 이들의 창의력과 열정을 격려하며 새로운 가능성을 배제하지 않는 정책과 프로그램을 구상해야 한다. 일을 통해 자기 자신을 표현하는 가치는 지역사회에 새로운 기회를 열어줄 것이다. 로컬 크리에이터의 아이디어와 열정이 결합하면 불모지라 할지라도 창조적인 산업의 성장 동력으로 변모할 수 있을 것이다.

아무도 안 하고 안 가면 직접 한다가 소신이다

김창수위스키의 김창수 대표는 아무도 하지 않는다면 직접 한국 위스키를 만들겠다며 20대 초부터 지금까지 10년여의 젊음을 바쳤다. 김포에 증류소를 짓고 자신의 이름을 딴 김창수위스키를 세상에 선보인 것이다. 김 대표는 2013년 대학을 졸업하고 잠깐 회사 생활을 한 뒤 한국 위스키를 제조하기 위해 전 재산인 1,000만 원을 가지고 스코틀랜드로 떠났다. 수개월 동안 그는 자전거를 타고 이동하고 텐트에서 불편한 노숙 생활을 하며 102곳의 증류소를 찾아다녔다. 여러 곳에서 일자리를 자처했지만 돌아온 대답은 차가운 거절뿐이었다.

어느 날 바에서 술을 마시던 도중 예상치 못한 인연이 시작됐다. 고국에서 멀리 떨어진 타지에서 동양인을 만나 반가워하며 대화를 나눈 상대방이 이치로 위스키로 유명한 일본의 크래프트 증류소 치치부의 직원이었다는 사실을 알게 됐다. 이 만남을 시작으로 김 대표는 치치부에서 위스키 제조의 공정을 배우는 기회와 증류소를 세우는 데 필요한 조언을 들을 수 있었다. 이처럼 우연한 만남은 김 대표의 꿈을 현실로 이끌어나가는 소중한 발판이 됐다.

위스키 산업은 장치 산업이라고도 불리는 분야로 광대한 투자가 필요한 영역이다. 증류소를 건설하려면 상당한 설비와 장치가 필수적으로 필요하며 그로 인해 상당한 자금이 들어가게 된다. 자금 조달을 위해 노력을 많이 했는데도 결과는 허탕이었다. 한국에서는 위스키를 만들지 못한다는 비판이 끊임없이 쏟아졌다. 주류 대기업들조차 해내지 못하는 일을 30대 청년이 시도하려 하니 자연스레 불가능한 일로 여겨졌다. 한국 위스키 생산의 꿈을 끝내 포기할 수 없었던 김 대표는 2016년 주류회사에 복귀하여 일을 했고 2018년에는 바를 열어서 영업했다. 그러면서 낮에는 또 다른 일로 바쁘게 일하며 사업자금을 마련했다.

이렇게 모은 자금으로 2020년에 경기도 김포의 허름한 창고 한 곳을 임대해 증류소를 세울 수 있었다. 여기에서 두 가지 제품을 생산했는데 완전히 다른 특성을 보인다. 첫 번째 제품은 스카치위스키의 퀄리티를 재현하기 위한 시도로 스카치위스키와 유사한 피치 향과 셰리 캐스크를 활용한 위스키로 생산됐다. 두 번째 제품은 한국산 위스키의 잠재력을 탐구한 실험 작품으로 군산에서 나오는

몰트와 국산 참나무로 만든 캐스크를 사용하여 숙성시켰다. 이 제품은 100% 국산 위스키의 가능성과 희망을 담고 있다.

김창수위스키 4호 캐스크를 얻기 위해 편의점 앞에서 밤부터 돗자리를 깔고 줄을 서는 귀한 광경을 목격할 수 있었다. 이 제품은 시중 가격이 20만 원 중반인데도 한정 수량으로 인해 200만 원까지 오른 가격으로 거래되기도 했다. 위스키 불모지에서 한 길만 바라보며 자신의 꿈을 담은 김창수위스키 라벨에는 '우리나라도 위스키 만든다.'라는 문구가 적혀 있다. 처음에는 한국에서 진정 맛있는 위스키를 만드는 것이 주된 목표였지만 규모가 작아 아직 많은 사람이 김창수 위스키를 접하지 못하고 있다. 그러나 앞으로는 더 많은 사람이 위스키를 맛보고 세계적으로 경쟁할 수 있는 한국 위스키를 만들기 위해 추가적인 증류소 확보를 목표로 삼고 있다.

라이프스타일 비즈니스는 단순한 취미나 호기심으로 시작할 수 있는 사업이 아니다. 김창수 대표는 기술이 있으면 투자도 가능하리라고 생각했다. 증류소 설립을 결심하고 투자자를 찾기 위해 다양한 노력을 기울였으나 처음에는 어려움을 겪었다. 그러나 그는 굳은 결심과 꾸준한 노력으로 증류소를 세웠고 소문이 퍼지면서 위스키에 관심 있는 사람들이 주목하게 됐다. 사업은 아이디어를 현실로 만들어내는 것뿐만 아니라 그 가치를 입증해나가는 과정이다.

명품 위스키 생산을 통해 위스키 강국을 꿈꾼다

왜 지금까지 한국은 위스키를 생산하지 못했던 걸까? 일본, 타이완, 인도는 위스키 강국 반열에 올랐다. 그런데 한국은 왜 아직 위스키 강국 반열에 오르지 못하고 있는 것일까? 여름과 겨울의 극단적인 기후 차이가 문제였을까? 인도와 타이완은 고온 다습한 기후로 위스키 제조에 적합한 기후가 아니다. 기온이 높을수록 알코올이 빠르게 증발하기 때문이다. 인도나 타이완과 같이 아열대 기후에서는 연간 15~20% 알코올양이 증발하지만 위스키 강국인 스코틀랜드는 연간 1~2% 정도만 증발하는 것으로 알려져 있다.[17] 그렇다면 타이완은 어떻게 악조건 속에서 위스키 강국이 될 수 있었을까?

타이완은 2002년까지 시행되던 주류전매제로 인해 위스키 증류소가 들어설 여지가 없었다. 그러나 2002년 타이완이 세계무역기구wto에 가입하게 되면서 상황이 달라졌다. 이전에 독점적으로 시행되던 법을 뒤집어야 했다. 위스키 애호가였던 리톈차이李添財는 2002년 전매제도 폐지 이후 몇 년 동안의 준비 과정을 거쳐 2005년에 카발란 증류소를 건립했다. 그는 증류소 설립을 위한 첫 단추를 끼울 때부터 많은 사람이 찾아오고 즐길 수 있는 장소를 만들고자 했다. 넓은 부지에 아름답게 조성된 공원과도 같은 증류소를 계획했다. 제조 과정을 배울 수 있는 견학 시설, 기념품 판매점, 위스키 매장, 식당, 시음장 등이 마련된 방문객 센터도 신중하게 설계했다. 카발란 증류소는 단순히 위스키를 제조하는 장소를 넘어서 방문객에게 교육과 즐거움을 제공하는 공간이 됐다. 이는 지역 사업이 지역 산업으로 발전할 수 있다는 것을 보여준다.

카발란 위스키는 오랜 역사를 자랑하는 스코틀랜드 증류소들과 비교하면 역사가 짧다. 그럼에도 꾸준히 기술을 개발한 덕분에 제품 출시 후에는 다양한 주류 품평회에서 수상하는 등 빠르게 성장하는 모습을 보이며 해외시장에서 큰 관심을 끌고 있다. 카발란 위스키는 위스키 5대 강국인 스코틀랜드, 아일랜드, 미국, 캐나다, 일본의 위스키들과 어깨를 나란히 하고 있다. 이제 한국도 명품 위스키를 생산할 때가 된 것이다.

한국 위스키 산업은 김창수위스키와 기원을 시작으로 위스키 강국으로 첫걸음을 내딛고 있다. 그런데 주세 체계가 위스키 강국으로 나아가는 발목을 잡고 있다. 업계에서는 이러한 상황을 개선하기 위해 주세 체계를 개편할 필요가 있다는 의견이 빈번하게 나온다. 현재 한국의 위스키는 가격에 비례해 세금을 책정하는 '종가세' 구조다. 위스키 등 증류주에 붙는 세율은 72%에 달한다. 주세의 30%인 교육세와 10%의 부가세를 더하면 원가의 약 103%가 세금이다. 출고가가 100만 원짜리 위스키라면 세금이 103만 원이 넘는 셈이다. 반대로 종량세는 같은 주종이면서 알코올 도수와 양이 같으면 세금도 같다. 40도 1리터의 100만 원짜리 위스키와 1,000만 원짜리 위스키의 세금이 같게 된다.

종가세의 치명적인 단점은 고급 주류 산업의 발전을 막고 있다는 것이다. 우리는 기술적인 가능성과 충분한 자금을 보유하고 있는데도 고급 위스키를 제조하는 데 어려움을 겪고 있다. 생산 과정에서 발생하는 원가 상승이 세금 부담으로 이어지기 때문이다. 좋은 재료와 기술은 빛 좋은 개살구가 되어버렸다. 거기에 마진과 유통, 마케팅, 디자인과 같은 부가적인 비용까지 더해진다면 국내에서 생산되는 위스키는 수입 위스키에 비해 경쟁력을 잃게 된다. 결국 저렴한 재료로 생산되는 저렴한 술의 유통 구조를 따르는 것이 세금 부담을 줄이는 방법이 됐고 고급 위스키는 수입품에 의존하는 현실이다.

한국의 주세 체계는 1949년 주세법 제정 시 종량세를 적용했다. 그러다가 1968년 주류 소비 억제와 세수 증대를 목적으로 종가세로 전환했다. 그 후로부터 약 50년이 지난 2020년 맥주와 탁주만 종량세로 전환하고 나머지 주류는 그대로 종가세로 세금을 매기고 있다. 국민이 마시는 술의 품질을 높이고 환경을 개선하고 국내 제조 맥주와 수입 맥주에 대한 세제상의 불합리한 차별을 해소하려는 취지였다. 그로 인해 국내 제조 맥주도 수입 맥주에 반하는 경쟁력과 다양성을 갖추게 됐다.

형편이 어려운 나라에서는 주로 가격이 저렴한 저가 주류가 주류 시장의 중심을 이룬다. 이런 경우, 세금을 가격에 추가하는 종가세 방식을 채택하는 것이 오히려 더 현명한 선택일 것이다. 대다수 국민은 저렴한 주류를 선택하고 가격이 상대적으로 높은 고가 주류는 소수 부유층만이 소비하는 경우가 많기 때문이다. 형편이 여유로운 부유층에게 더 많은 세금 부담을 요구하여 이를 경제 발전에 활용할 수 있다. 이런 접근 방식은 비교적 어려운 경제 상황에서 국가 경제의 발전을 위한 자금을 모을 수 있는 효과적인 방법이다.

그런데 우리나라도 위스키 소비량이 대폭 늘어나고 주류 문화도 변하고 있다. 강요로 인한 것이 아니라 자신이 즐기는 술을 찾아 나서는 것이다. 입맛에 맞지 않는 무미한 술이 아니라 개인의 취향에 딱 맞는 풍미가 있는 술을 찾아가면서 술 그 자체가 하나의 문화로 자리 잡고 있다. 경제협력개발기구OECD 35개 회원국 중 30개국이 주세 종량세 체계를 도입하고 있다. 많은 사람이 위스키와 같은 술을 즐기고 싶어 하는데 높은 세금 부담으로 인해 그런 쾌락을 막아서는 안 되기 때문이다.

앞서 말했듯이 정부는 로컬 크리에이터의 시장환경을 선제적으로 개선할 필요가 있다. 종가세는 고급 주류 산업을 제압하는 제도로 작용하기 때문에 주류 문화에 이바지하는 기업들이 증가하게 되면 정부가 세금 체계를 고집하기가 어려워질 것이다. 기업들은 단순히 주류를 생산하는 것뿐만 아니라 투어 프로그램을 통한 관광 산업에도 기여하고 고용을 창출하고 지역을 활성화하고 수출로 외화를 획득하는 등 국가 경제에 큰 도움을 줄 수 있기 때문이다. 김창수 대표와 도정한 대표가 쏘아 올린 작은 공이 한국 주류 문화와 로컬 비즈니스에 밝은 미래를 안겨다주길 기대한다.

8. 상생
: 시골 빈집을 활용해 공동체 전체에 기여하다

국토부 조사에 따르면 2022년 전국에 빈집은 10만 8,000호 이상으로 나타났다. 인구 공동화와 고령화로 인한 빈집의 발생은 지속해서 증가하고 있다. 젊은 사람들은 일자리를 위해 도시로 떠난다. 중년들은 손이 많이 가는 주택보단 관리가 편한 아파트로 떠나 시골에 빈집들이 자꾸만 늘어나는 추세다. 빈집은 마을 주변 경관을 해칠 뿐만 아니라 안전사고와 범죄 발생의 우려가 있어 대책을 강구해야 한다. 시골의 소박한 집들이 빈집이 되면서 어느새 공동체의 골칫거리가 되고 말았다. 깨진 유리창의 법칙처럼 빈집투성이의 마을은 공동화와 슬럼화를 비껴가지 못한다. 그런데 문제점만 보이는 시골 빈집의 실태를 파악하고 오히려 기회로 삼아 재테크와 사업으로 삼는 사람들이 나타났다.

사회적 타협과 상생의 해법으로 위기를 극복하다

빈집은 돈을 들여 수리해서 임대를 내주자니 비용과 임대인에 대한 부담이 있을 수밖에 없다. 방치된 빈집이 늘어나면 마을의 미관을 해치고 위생과 치안 문제로 외부인이 찾지 않을 뿐만 아니라 동네 주민조차 떠나버리게 된다. 남성준 다자요 대표는 제주에 방치된 빈집들을 '철거'의 대상이 아니라 '자원'으로 바라봤다. 다자요는 방치된 빈집을 집주인에게 빌려 무료로 리모델링을 해서 숙박업소로 활용하고 10년 후에 집주인에게 다시 돌려주는 사업을 하고 있다.

빈집의 특성상 관리하지 않으면 금세 낙후되고 만다. 마당의 풀과 나무들은 일주일만 관리하지 않아도 무성하게 자라고 기상 악화에 대비하지 못하면 창문이 깨진다. 이런 빈집들을 마냥 방치할 수 없어 지자체와 공공기관이 해법을 모색했지만 뾰족한 수가 없었다. 특히 빈집을 둘러싼 공급과 수요의 기대는 엇갈렸다. 농어촌공사의 조사에 따르면 빈집 수요자들의 65%가 거주와 세컨드하우스로 사용하기를 원한다고 한다. 분명 수요가 있는 것이다. 하지만 수요자의 80% 이상이 빈집을 어떻게 활용할지에 대한 정보를 구하는 게 어렵다고 답했다. 공급과 관련한 충분한 정보가 없으니 수

요자의 마음이 선뜻 기울기가 쉽지 않다. 이러한 부조화의 틈새를 다자요가 파고들었다. 빈집이라는 자원을 활용해 공급과 수요를 둘 다 충족시키는 사업 아이템을 발굴한 것이다. 그 덕분에 빈집 소유주들은 빈집 관리와 임대의 고민을 해소할 수 있었고 다자요는 가공되지 않은 자원을 활용할 수 있게 됐다. 다자요는 크라우드 펀딩을 통해 350명의 투자자에게 총 8억 원의 투자를 받고 빈집 4채를 리모델링해 숙박업소로 활용하는 것으로 스타트를 끊었다.

물론 사업이 순탄한 길만 걸은 건 아니다. 2019년에는 사업을 확장하던 중 숙박업과 관련된 현행법을 어겼다는 민원이 접수되면서 사업의 길이 막혔다. 농어촌 민박은 실제로 거주하는 곳에서 이뤄져야 하는데 주인 없이 운영된다는 점에서 무인텔이 아니냐는 이의가 제기된 것이다. 1년 3개월 동안 사업에 규제를 받았지만 그대로 주저앉을 수는 없었다. 다자요는 해법을 찾았고 마을과 공생하는 방법으로 출구를 마련했다. 매출의 1.5%를 마을에 기부해 지역과 상생하는 방법으로 구사업의 회복과 신사업의 성장을 중재하는 사회적 타협 메커니즘인 '한걸음 모델'의 첫 사례로 발탁됐다. 규제에서 벗어난 다자요는 2022년까지 5개 지자체에서 빈집 50곳을 사업의 자원으로 활용할 수 있게 됐다.

스타트업의 출발은 해결되지 않은 문제를 해결하는 것이다. 빈집 문제를 비롯한 지역 공동화 문제는 해결되지 않은 문제였다. 해결되지 않은 문제는 스타트업에게 곧 기회로 작용한다. 스타트업은 빠른 성장을 뜻하는 J커브를 그리기 위해 많은 위험을 감수하고 새로운 시도를 한다. 하지만 스타트업의 열정과 추진력은 높은 진입 규제 때문에 시작과 동시에 식어버리는 경우가 많다. 정부의 규제는 손해를 입는 사람들이 생기지 않도록 방지하는 것이지만 문제를 방치하는 것보다는 시대의 변화에 따라 합리적으로 재정비할 필요가 있다. 일방적인 양보가 아니라 정부의 중재에 따라 당사자들 간에 합의를 끌어내 문제를 해결하고 신사업과 구사업의 상생 전략을 찾아가는 것이다.

러스틱 라이프가 갈등을 줄이고 정의로운 사회를 만들다

배우 류승룡은 제주에 올레길을 걸으러 왔다가 지인의 소개로 다자요 숙소에 머물게 됐다. 그는 제주의 고즈넉한 구옥의 매력과 다자요의 빈집 재생 아이디어에 매료돼 리모델링 비용을 마련하는 크라우드 펀딩에 참여해 다자요 투자자가 됐다. 투자자로 다자요와 첫 인연을 맺은 지 얼마 되지 않아 더 적극적으로 다자요와 깊은 관계를 맺었다. 표선면 하천리에 있는 하천바람집 프로젝트를 기획하고 직접 담당하면서 여러 가지 아이디어를 내놓았다. "이쪽에서는 사계절 내내 마당을 봤으면 좋겠어요." "여기서 밤에 별도 보고." "이것도 살렸으면 좋겠는데." 이 경험을 통해 그는 러스틱 라이프의 로망을 실현했다.

그가 맡은 하천바람집은 제주를 담은 집이다. 제주도민은 바람과 함께 어울리며 산다. 류승룡은 하천바람집의 기획부터 인테리어까지 맡으며 바람과 함께 머무를 수 있도록 하는 바람을 담았다. 리모델링을 통해 새롭게 태어난 것처럼 보이지만 고즈넉한 전통가옥 형태는 남아 있다. 과거 흑돼지를 키우던 화장실은 야외 욕조로 변신하고 툇마루는 사색의 공간으로 탄생했다. 숙소의 내부 공간은 하나의 쇼룸이 되어 지역 상품을 홍보한다. 냉장고를 열면 애월 아빠들의 계란과 몬트락의 돼지고기가 있다. 이 모든 것은 그저 좋은 서비스를 제공하는 것에 그치지 않는다. 투숙객이 무료로 상품을 맛보고 숙소에 비치된 태블릿을 통해 해당 상품의 정보를 확인하여 구매하도록 하는 다자요의 상생 전략이 담겨 있다.

다자요 관련 인터뷰에서 류승룡은 배우도 하나의 '스타트업'이라고 생각한다고 말했다.[18] 실력은 있으나 알려지지 않은 배우들을 찾아내는 에이전시 역할에 대한 중요성을 말했는데 그 이유가 있다. 빈집 재생 프로젝트도 마찬가지로 아이디어와 실행력을 갖췄지만 규제에 막히기도 하고 아직 많은 사람에게 알려지지 않았다. 다자요의 빈집 프로젝트는 규제가 풀리고 사람들의 관심이 증가하면서 조금씩 성장 궤도에 올라서고 있다. 류승룡은 다자요에서 재능과 아이디어의 실현을 돕는 에이전시 역할을 하는 셈이다.

하천바람집의 운영을 통해 얻는 수익의 1.5%는 배우 류승룡의 이름으로 마을에 기부된다.[19] 그는 "제주의 기억과 시간을 품은 집이 다시 또 오랫동안 새로운 공간으로 사랑을 받고 제주만의 고즈넉함을 계속 이어갔으면 좋겠습니다. 그 바람을 이루기 위해 더 땀을 흘릴 예정입니다."라고 말했다. 그의 바람 속에는 다자요를 비롯한 러스틱 라이프를 매개로 한 비즈니스에 대한 시사점이 담겨 있다. 사회구성원 간의 의견 불일치를 조율하며 받아들인다는 것은 정의로운 사회를 만드는 첫 번째 단계다. 구성원 간 의견 충돌은 당연하며 개인과 기업과 정부가 갈등을 좁히기 위해서 노력하고 있다. 기업의 성장하고 싶은 마음과 지역주민의 변화를 수용하는 마음이 우리나라에 변화를 만들어 내고 있다. 줄탁동시啐啄同時와 같은 이런 변화가 러스틱 라이프와 관련한 비즈니스가 시작되는 중요한 계기이자 모멘텀으로 작용하고 있다.

다자요 남성준 대표와 배우 류승룡은 시골 빈집으로 재테크를 하고 사업을 하는 사람들이다. 하지만 내면을 들여다보면 지역의 발전과 전통을 지키고 빈집 문제를 해결하기 위해 애쓰고 있다. 오늘날 빈집과 신축 건물들이 동시에 늘어나고 사람들은 공간을 잃어가고 있다. 사용할 수 있는 빈집을 그대로 방치하면 1년 만에 활용할 수 없어질 정도로 낙후된다고 한다. 다행히 빈집의 문제점이 러스틱 라이프 트렌드와 맞물리면서 사회의 선순환 구조를 만들어 내려는 이들이 늘어나고 있다. 문제를 기회의 계기로 삼으면 사업뿐만 아니라 지역 공동체에도 긍정적인 영향을 미칠 수 있다.

9. 다양성
: 로컬 라이프는 다채롭게 살아가는 것이다

자신이 선호하고 잘하는 일에는 상대적으로 자기효능감이 높지만 반대인 경우에는 시작도 하기 전에 걱정이 앞서게 된다. 예컨대 사람들이 몰려 있는 광장에 트라우마가 있는 사람은 사람들이 몰려 있는 곳에서는 불안하고 답답하다. 반면에 광장에서 아름다운 축제나 공연을 봤던 추억이 있는 사람은 사람들이 몰려 있는 곳에서는 가슴이 설레게 마련이다.

개인이 선호하는 기준은 제각각 다르다. 내 가슴이 설렌다고 해서 모두가 그렇지 않고 또 타인의 가슴 설레는 일이 나에겐 지루한 일이 될 수 있다. 그래서 강요하거나 강요당할 수 없다. 라이프스타일은 취향과 환경에 따라 다른 것이지 상대의 라이프스타일이

틀렸다고 말할 수 없다. 중요한 것은 지속가능한 라이프스타일인지를 묻는 것이다.

귀촌도 다양한 유형이 있고 각자의 선택을 존중받아야 한다

귀촌의 유형은 여섯 가지를 들 수 있다.

첫째, 본인이 살던 고향으로 회귀하는 U턴이 있다. 어렸을 적 친구들이나 고향에 대한 정보가 많고 부모님이 고향에 계신다면 주거에 대한 부담을 덜 수 있으므로 비교적 진입 장벽이 낮은 귀촌 유형이라 할 수 있다.

둘째, J턴은 자신이 살던 고향 근처로 이주하는 유형이다. 돌아온 고향에서 직장 생활을 유지하기 위해 교통 입지가 좋고 전에 살던 도시와 괴리감이 적은 지역에서 제2의 고향살이를 하는 것이다.

셋째, I턴은 연고가 전혀 없는 지역에서 새로운 삶을 개척해 가는 유형이다. 여행이나 직장 발령을 통해 지역에 머무르면서 풍경에 매료되거나 새로운 인간관계를 형성하게 되어 이주를 고려하게 되는 경우다. 과거에는 I턴 유형의 비중이 작았지만 재택근무의 확산과 한달살이를 통해 연고가 없는 지역에도 관심이 확장되면서 비중이 증가하고 있다.

넷째, 해외 이주도 I턴과 비슷한 유형이다. 일본의 주거 구독 서비스 하프는 국내뿐만 아니라 해외까지 범위를 확장하면서 지역에 상관없이 낯선 환경에서 새로운 경험을 하고자 하는 이들의 니즈를 충족시켰다.

다섯째와 여섯째는 조부모의 고향으로 귀촌하는 유형과 배우자의 고향으로 귀촌하는 유형이다. 전자는 어렸을 적 할머니나 할아버지와 지낸 추억과 지역에서 맺은 관계를 토대로 귀촌하게 되는 경우다. 후자의 경우는 친척이나 지인들을 활용해 해당 지역에 관한 정보와 노하우를 얻을 수 있다. 이 둘의 공통점은 귀촌을 알선하는 인물이 존재한다는 것이다. 아무도 없는 낯선 곳이 아니라 현지인이 주는 정보와 과거의 기억을 통해 귀촌의 성공 확률을 높일 수 있다.

여섯 가지 귀촌 유형을 보며 자신에게 맞는 귀촌 유형을 짐작할 수 있을 것이다. 물론 이 여섯 가지 귀촌 유형이 전부는 아니다. 또 다른 유형이 존재할 것이다. 중요한 것은 자신의 판단과 선택이다. 시대가 바뀌면서 귀촌의 유형은 달라졌어도 본질은 바뀌지 않았다. 귀촌을 통해 더 나은 삶을 살고자 하는 것이다. 귀촌이 항상 옳은 선택은 아니며 누구에게는 시골에서 자연 그대로의 삶이 불편하게 느껴질 수 있다. 중요한 것은 자신의 라이프스타일과 환경을 고려해서 계기를 만들고 시행하는 것이 지속가능한 러스틱 라이프를 실현할 수 있다는 것이다.

귀촌을 했지만 농사를 짓지 않는 라이프스타일도 늘어나고 있다

마당이 있는 전원주택도 아니고 집에서 바다가 보이지도 않는 제주의 도심 속 아파트로 귀촌한 B는 왜 제주까지 왔는지 의문을 품게 한다. 이에 B는 "한평생 서울에서 살다 온 저는 흙을 만져본 적도 없고 24시간 운영하는 편의점이 없으면 살 수 없어요. 그래도 제주에 대한 로망은 포기할 수 없어서 여기로 왔죠."라고 말한다. 많은 사람이 전원생활에 대한 로망은 있지만 다수가 제대로 흙을 만져본 적도 없을뿐더러 농사짓는 것도 미숙하다. 본인에게 맞는 라이프스타일을 찾고 적용하는 것이 러스틱 라이프의 진입 장벽을 낮추는 첫걸음이다.

귀촌하면 농사와 어업 같은 1차 산업에 종사해야만 할 것 같은 편견이 있다. 하지만 도시에서 사람들이 사는 방법이 모두 다르듯이 귀촌해서 살아가는 모습 또한 모두 다르다. B는 시골 생활을 동경하지만 서울 토박이인지라 시골에서 살아본 적도 없고 도시에서 익숙해진 습관을 한 번에 바꿀 수 없다는 것을 알았다. 남들은 무작정 가서 살아보면 답이 있을 거라고 말한다. 그러나 남들이 다 좋다고 했던 것들이 자신과는 맞지 않았던 경험이 많았다. 자신의 지난날 경험과 성격을 제대로 파악하고 떠난 덕분에 실패 확률을 줄일 수 있었다.

농림축산식품부가 발간한 「2020년 귀농·귀촌 실태조사」에서 귀농하는 이유로 30대 이하는 "농업의 비전과 발전 가능성을 보고

(39.1%)"가 가장 많았다. 반면에 60대 이상은 "자연환경이 좋아서 (41.9%)"를 가장 많이 꼽았다. 이처럼 개인의 성향뿐만 아니라 연령에 따라서도 귀농과 귀촌의 선호도가 나뉜다. 30대 이하는 꼭 농업이 아니더라도 도시의 경쟁과 소비의 굴레에서 벗어나 비전과 발전 가능성을 보고 지방으로 내려간다. B는 농업의 비전을 보고 귀촌을 했다기보다 자연환경에서 지속가능한 삶을 통해 자신을 발전시키고자 했다.

도시에서 힘든 일이 있을 때마다 도피를 일삼았던 B는 제주에서 농사를 짓고 있진 않지만 도시의 생업을 지속하며 지역주민들과 더불어 살아가고 있다. 제주도 도시와 마찬가지로 예상치 못한 힘든 일이 많다. 그럴 때마다 자연과 사람들이 버팀목이 되어주고 있다는 생각이 들어 각오를 다지며 살고 있다. 그에게 제주는 '좋아하는 일을 하면서 사람들과 함께 지낼 수 있는 곳'이 된 것이다. 저마다 가치관이 다르고 살아가는 데 필요한 것과 형태도 다르다. 사소하지만 안정을 주는 것들을 생각하고 실천하는 과정에서 낭만이 현실로 이뤄진다.

10. 워케이션
: 나는 휴양지에서 쉬면서 일한다

코로나19 때 이동 제한 경험을 했다. 일상의 변화가 컸던 만큼 기업을 비롯한 조직의 변화도 불가피했다. 조직은 노동 형태가 바뀌고 영업에 타격을 입는 등 지금껏 경험하지 못한 위기에 대응해야 했다. 업무를 연속하기 위해 노동환경의 변화를 빠르게 이뤘다. 그러나 좀처럼 끝이 보이지 않는 코로나19 당시 전 산업 분야는 막심한 피해를 피할 수 없었다. 그중에서 관광 산업은 붕괴 직전까지 몰렸다.

유엔 세계관광기구UNWTO는 코로나19로 인한 관광업계 손실을 약 2조 달러로 추산했다. 관광업계가 직격탄을 맞게 되자 지자체는 장기간 머무를 수 있는 '체류형 관광자원' 조성에 힘썼다. 장소의 제약에서 벗어나게 되자 사람들은 인파를 피해 일과 휴식을 한 번에 할 수 있는 노동 형태인 워케이션을 찾게 됐다. 이제 조직이 노동환경을 조성하는 것이 아니라 구성원들이 스스로 노동환경을 조성하는 시대가 왔다.

익숙한 것과 결별하고 새로운 것으로 바꾸는 탈학습 능력 덕분에 사람들은 끝날 기미가 보이지 않는 코로나19 속에서도 새로운 기회를 포착하고 변화에 적응해오고 있다. 단순 반복 업무보단 창의성이 필요한 지식근로자와 고용주들은 한 걸음 뒤로 물러나 통찰력 있는 시선으로 자신을 둘러싼 환경을 파악하고 분석한다. 그들은 변화하는 환경을 새로운 패러다임으로 읽고 그에 맞는 삶의 방식과 노동 형태를 시도하고 있다.

코로나19로 인해 재택근무가 확산되면서 노동환경이 바뀌었다

코로나19의 확산으로 기업의 재택근무 도입은 선택이 아니라 필수가 됐다. 인구가 밀집된 도시와 건물 내부에서 확진자가 증가하자 기업은 건물을 폐쇄해야 할 위기에 놓였다. 그렇다고 무작정 문을 닫아놓을 수는 없는 노릇이었다. 극단적인 폐쇄보다는 유연하게 노동환경을 조절하는 재택근무를 도입해 위기에 대처했다. 이러한 변화는 일시적인 것으로 그치지 않고 새로운 패러다임으로 자리 잡을 듯하다. 역사적으로 세상은 전염병이나 전쟁 후에 대변

혁을 맞이했다. 따라서 기업과 개인 모두 역경을 기회로 삼음으로써 회복탄력성을 키워야 한다.

인력 관리 서비스 기업 '시프티'는 고객사를 대상으로 한 조사에서 2020년에서 2021년까지 코로나19 발생 이후 재택근무 비중이 월평균 7배 증가했다고 보고했다.[10] 2020년 1월 1,960건에서 코로나19가 기승을 부리기 시작한 다음 달 2월 7,370건으로 한 달사이 3.8배가 증가했다. 이어서 재택근무 확산 속도가 빨라지면서 3월에 2만 7,298건으로 증가하고 델타 변이가 발생한 이후 7월에는 같은 해 1월 대비 약 35.4배가 증가했다. 코로나19의 확산 추세에 따른 재택근무의 증가는 초기에는 어쩔 수 없는 선택이었다. 그러나 앞서 말했듯이 이제는 어쩔 수 없는 수동적인 선택이 아니라 새로운 노동 형태로 정착될 듯하다. 코로나19와 상관없이 기업들은 사무실 근무와 재택근무를 혼합한 하이브리드 형태로 노동환경을 바꾸고 있다.

요즘 혼연일체라는 말에 빗대 '홈연일체'라는 신조어가 등장했다. 집에 머무는 시간이 증가하면서 자신과 집이 하나가 됐다는 뜻이다. 코로나19로 인해 외출이 통제되고 활동 범위가 집으로 국한되자 사람들은 녹색 갈증을 홈가드닝으로 해소하기도 했다. 재택근무와 사회적 거리 두기로 인한 무료한 생활에 활력을 불어넣고자 샀던 화분들이 어느새 베란다를 가득 채웠다. 심리학자 스티븐 카플란이 주장한 주의력 회복 이론[11]을 보면 이런 현상은 당연하다. 인간은 축적된 정신적 피로로부터 회복하기 위해 본능적으로 자연을 찾는다는 것이다.

삶은 일과 휴식과 여가의 연속이다. 코로나19 때 삶이 통제되고 재택근무가 반강제적으로 도입됐지만 자연으로 회귀하려는 욕구는 변하지 않았다. 자연을 곁에 두고 안정을 찾는 러스틱 라이프는 이전의 라이프스타일로 되돌아갈 수 없는 '뉴노멀'이 된 것이다.

워케이션은 재택근무의 단점을 보완하는 노동 형태로 떠올랐다

유목민을 뜻하는 노마드nomad에 디지털을 붙인 신조어 '디지털 노마드'는 인터넷과 디지털 기기를 이용해 공간과 환경에 제약받지 않고 원격근무를 하는 사람들을 가리킨다. 디지털 노마드는 코로나19가 확산하기 이전에도 존재했다. 프리랜서가 대표적이다. 이들 중 다수가 워케이션 경험이 있다. 디지털 노마드가 워케이션에 기대를 거는 이유는 비일상적인 환경에서 창의적인 아이디어가 나오기 때문이다.

프리랜서를 비롯한 디지털 노마드는 재택근무보다 워케이션을 선호한다. 가장 큰 이유로 재택근무는 일과 삶의 경계가 모호하다는 것을 꼽는다. 창의적인 것을 지향하는 그들은 재택근무가 맞지 않고 집에서 일하면 업무 집중도를 높이기가 쉽지 않다. 밖으로 나가 카페 같은 곳에서 일하지만 사람이 많고 테이블이 좁아 몇 시간

동안 일하기에는 불편하다. 그래서 공유사무실을 이용하는 등 노동환경에 신경을 쓴다. 또한 직업의 특성 때문에 근무 시간이 가변적이고 휴가가 따로 없어서 휴식을 취해야 할 때 일을 하게 된다. 그들의 고민 상당 부분이 업무와 여행을 결합한 워케이션의 등장으로 해결됐다. 워라밸을 획일적으로 맞추기보다는 일과 삶을 융합하는 워라블work-life blending을 실현하게 된 것이다.

업무와 여행이 결합됐다고 해서 여행에 초점을 맞추는 것은 아니다. 그들은 워케이션을 계획할 때 '효율적인 노동환경 조성'에 중점을 두고 여행이라는 옵션을 충족하고자 한다. 네트워크 인프라만 구축되어 있으면 어디에서도 일을 할 수 있다. 클라이언트와 원격회의를 하거나 갑작스러운 미팅이 잦기 때문에 휴양형 워케이션보다는 도심형 워케이션을 선호한다. 도심형 워케이션은 호텔에 머물면서 아침에는 카페나 조식 서비스를 이용하고 도심에서 업무를 본 후 호텔에서 휴식을 취하는 방식이다.

물론 모두가 워케이션을 할 수 있는 것은 아니다. 정해진 공간과 시간에 업무를 봐야 하는 직종은 아직도 많다. 하지만 전 세계적으로 워케이션이 새로운 노동 형태로 떠오르면서 워케이션을 정책과 복지제도로 도입하려는 지자체와 기업들이 늘어나고 있다.

생산성과 창의성을 높이는 워케이션은 MZ세대에게 곧 복지다

2021년 현대모비스가 재택근무자 1,087명을 대상으로 재택근무를 선호하는 이유를 조사했는데 가장 많은 사람이 선택한 이유 1위는 '출퇴근하며 오가는 시간과 지출이 잦아서'였고 2위는 '방해 없이 일에만 집중할 수 있어서'였다.[12] MZ세대는 출퇴근 방식보다 재택근무를 확실히 선호하는 듯하다. 시간과 체력을 아낄 뿐만 아니라 업무도 효율적으로 할 수 있고 또 인간관계에서 발생할 수 있는 정서적 피로를 피할 수 있다. 감정을 섞지 않고 상사와 이성적인 커뮤니케이션을 할 수 있다는 장점도 있다. MZ세대가 생각하는 이상적인 노동환경은 군더더기 없이 효율적으로 일하고 퇴근 시간 이후에는 자신의 성장과 휴식을 위한 시간을 갖는 것이다.

워케이션을 바라보는 시각도 MZ세대는 다소 다르다. 워케이션을 가더라도 개인 단위로 가는 것을 선호한다. 팀 단위의 워케이션은 그저 좋은 곳에서 워크숍을 하는 것과 다를 게 없다고 여기기 때문이다. 그런데 무조건 개인만을 고집하는 것도 아니다. 같은 연차나 동기와 함께하는 워케이션 형태는 동료와의 유대감이나 네트워킹 측면에서 긍정적이다. 이들은 강제적인 네트워킹에는 부정적이지만 자발적인 네트워킹에는 긍정적이다. 즉 개인과 팀을 분리하기는 원하지만 그렇다고 극단적인 소외는 원하지 않는 것이다.

MZ세대가 소유보다 경험을 중시하는 경향은 워케이션에서도 나타난다. 인적이 드문 농촌이나 한옥에서 힐링하며 업무를 보는 전통 체험형 워케이션을 선호한다. MZ세대가 농촌을 선호하는 이유는 단순히 자연경관이 좋아서가 아니라 특별한 경험을 통해 자신이 힙하다고 느끼기 때문이다. 이들은 어디에서나 즐길 수 있는 체험활동과 자연환경에는 싫증을 낸다. 현지에서만 즐길 수 있는 활동을 하고 퇴근 후에는 지역주민들과 교류하며 듀얼라이프를 실현한다.

최근 들어 여러 기업에서 워케이션을 복지 차원에서 보내주고 있다. 만약 워케이션이 사내 복지가 아니라 개인이 부담하는 형태라면 쉽게 선택하기 어렵다. 기업은 워케이션을 단순히 새로운 사회 현상이나 복지제도로 보는 것에서 더 나아가 조직의 생산성을 높이고 구성원들의 창의성을 키우는 관점에서 바라볼 필요가 있다. 워케이션이 기업문화로 자리 잡게 됐다. 이제 기업들은 워케이션을 인재 확보의 중요한 전략으로 삼게 될 것이다.

일과 가족을 한 번에 챙기는 워케이션이 주목받는다

2020년 통계청의 가족 실태조사에서 가족 여가가 충분하지 않은 이유로 '가족과 함께할 시간을 내기가 힘들어서(66.2%)'가 가장 높은 응답률을 보였다. 코로나19로 노동 형태가 원격으로 전환되고 자녀의 수업마저 비대면으로 전환되자 한 가정의 모든 구성원이 집에 머무는 시간이 늘어났다. 의도하지 않은 계기로 가족이 함께 모이게 됐으나 오랜만에 모두가 얼굴을 맞대고 대화를 많이 나누는 등 긍정적인 효과가 있었다. 그러나 끝날 줄 모르는 유배 아닌 유배 생활이 계속되자 차츰 피로도가 쌓이고 자녀를 둔 부모 세대는 새로운 탈출구를 모색할 수밖에 없었다. 이때 주목받은 게 워케이션이다.

가족이 함께 떠나는 워케이션은 부모의 고민을 덜어주는 출구 전략이 됐고 일과 가정을 동시에 관리할 수 있는 새로운 라이프스타일로 떠올랐다. 그리고 이제 러스틱 라이프와 결합한 워케이션은 비단 가족 단위의 고민거리를 넘어 지방의 공동화 현상과 고령화 현상에 대한 새로운 시선을 제시한다.

워케이션은 개인뿐만 아니라 가족이나 소규모 그룹 단위에서도 주목받는 라이프스타일이다. 가족이 있는 구성원은 가족 단위로 이동할 수 있는 휴양형 워케이션을 선호한다. 휴양형 워케이션은 경관이 좋은 휴양지에서 업무를 보고 가족과 함께 다양한 활동을 체험할 수 있는 장점이 있다. 워케이션 시설이 갖춰진 휴양지에서 아빠는 공유사무실에서 원격으로 근무하고 엄마는 자녀와 함께 키즈카페에서 시간을 보낸다. 퇴근 후에는 가족이 함께 다양한 활동 프로그램을 즐긴다.

휴가형 워케이션을 경험한 구성원은 시간의 효율성과 공동체적 가치라는 두 마리 토끼를 다 잡을 수 있다는 것에 매우 만족해한다. 예컨대, 출퇴근 시간을 아낄 수 있어 여유시간을 집안일에 할

애할 수 있다. 또 회사에 얽매이지 않고 원격근무를 할 수 있으니 자녀와 보내는 시간도 훨씬 많아진다. 가족이 있는 구성원은 자신을 위한 시간뿐만 아니라 가족과 지낼 수 있는 시간을 확보할 수 있는 것을 휴가형 워케이션의 장점으로 여긴다.

다양한 유형의 워케이션은 직종과 세대에 따라서도 경험과 효과가 다르지만 로컬 라이프는 공통 분모를 가지고 있다. 이제 노동의 가치가 휴식의 가치를 압도하는 시대는 종언을 고한 듯하다. 일과 휴식의 균형을 획일적으로 맞추려는 워라밸에서 더 나아가 이제는 일과 휴식을 융합하는 워라블을 지향한다. 이러한 추세에 따라 근무지와 휴양지, 일과 삶의 경계를 나누지 않고 적절히 조화롭게 하는 워케이션이 새로운 라이프스타일로 더욱 주목받고 있다.

2장
당신을 로컬 라이프로
초대합니다

1. 번아웃
: 경제 선진국 대한민국은 정신적 빈곤에 놓여 있다

의료기술이 발전했는데 정신질환자의 수는 늘고 있다

건강보험심사평가원의 보도자료에 따르면 2017년부터 2021년 동안 우울증과 불안장애의 진료 추이를 분석한 결과 우울증 환자 수가 연간 평균 7.8% 증가하여 2017년 69만 1,164명에서 2021년 93만 3,481명으로 35.1% 증가했다. 불안장애 환자 수도 연간 평균 7.3% 증가하여 2017년 65만 3,694명에서 2021년 86만 5,108명으로 32.3% 증가한 것으로 나타났다.[20] 각종 의료기술이 발달하고 평균 수명은 놀라울 정도로 늘어나고 있는데 왜 정신건강은 오히려 악화되고 있을까? 애써 믿어왔던 기대가 무너졌기 때문은 아닐까?

사람들은 왜 밤새워 일하고 경쟁에 뛰어드는 것일까? 행복한 미래를 바라기 때문이다. 누구나 충분히 노력하면 사회적 지위가 상승하고 자본주의와 능력주의 체제에서 살아남을 수 있다고 기대한다. 하지만 현실은 어떤가. 연일 미디어에서는 노력의 결과에 대한 믿음을 무너뜨리는 이야기들을 쏟아낸다. 노력의 결과에 대한 현대 사회의 불공정은 분노와 박탈감을 일으켰고 경제 성장 시대의 신화는 깨져버렸다. 과거에는 열심히 뛰면 보상이 주어졌지만 지금은 하루하루 바쁘게 살아도 미래가 보이지 않으니 쳇바퀴를 돌리는 삶에 지쳐 하나둘 쓰러지고 있다.

저성장의 시대에 접어들며 노력한 만큼 성공의 과실을 거둘 수 있다는 자본주의의 원리가 퇴색되고 있다. 돈과 효율을 좇을수록 사소한 삶에서 느끼는 편안함과 즐거움과는 거리가 멀어졌다. 이러한 삶에 무기력감을 느끼게 된 사람들은 맹목적으로 생산성을 추구하기보다는 정신적으로 풍요로워지는 삶으로 눈을 돌리게 됐다. 삶의 우선순위를 재정립하고 건강한 삶을 추구하면서 러스틱 라이프가 라이프스타일 분야에서 중요한 키워드로 떠오르고 있다.

대한민국의 삶의 만족도는 경제협력개발기구 최하위권이다

1964년 유엔무역개발회의UNCTAD가 설립된 이후 57년 만인 2021년에 우리나라의 지위가 최초로 개발도상국에서 선진국으로 변경됐다. 외교부는 "이번 선진국 그룹 진출은 선진국과 개도국 모두에게서 한국의 선진국 위상을 명실상부하게 확인하고 한국이 두 그룹 사이의 가교 역할이 가능한 성공 사례임을 인정받은 것"이라고 보도자료를 뿌렸다. 그런데 그만큼 삶의 질도 나아졌을까? 선진국으로 지위가 변경됐다고 하나 우리나라는 여전히 '더 노력' '더 빨리' '더 많이' 구호를 외치고 있다. 뭔가 부족한 물질적 삶을 채우려는 욕망은 아직도 시들지 않고 있다. 지속가능발전해법네트워크 SDSN의 「세계행복보고서 2022」에 따르면 2019년부터 2021년 한국인의 삶의 만족도는 5.9점으로 경제협력개발기구OECD 회원국 평균(6.7점)보다 낮은 수치를 보였다. 한국보다 만족도가 낮은 나라는 튀르키예(4.7점)와 콜롬비아(5.8점)밖에 없었다.

1940년대생들은 부모 세대보다 더 나은 삶을 살게 될 거라 믿었다. 실제로 그들의 90%는 부모 세대보다 풍요로운 삶을 실현했다. 반면에 1980년 이후 생들은 절반 정도만 부모 세대보다 나은 여건에서 살게 됐다. 더 이상 노력만으로는 계층 상승을 이루거나 성공의 문턱을 넘기 어려워졌다. 풍요로운 삶의 가능성이 줄어들면서 사람들은 불안해하고 답답해한다. 경제 성장 시대 이래로 자식이 처음으로 부모보다 못사는 세대가 됐다. 이러한 불안은 본인의 의지와는 상관없이 경쟁에 줄을 서게 만든다.

고도 경제 성장 시대의 과업은 멈추지 않고 노력하는 것이다. 자본주의의 '공포' 때문이다. 자본주의에서 공포란 무엇일까? 열심히 노력하지 않으면 가난해진다는 저주다. 한 번 가난해지면 헤어나지 못하고 더 깊은 수렁에 빠져들게 된다. 가령 병에 걸려 치료하려 해도 당장 치료비가 없으면 병은 더 악화되고 비용도 불어날 수밖에 없다. 이처럼 가난에는 이자가 붙는다. 자본주의는 자애롭지 않다. 가난이야말로 현대 사회를 대표하는 공포라 할 수 있다. 공포는 우리가 노력하는 것을 멈추지 못하게 만들었다.

부자도 노력하지 않으면 가난해질 수 있고 가난한 사람도 노력하면 부자가 될 수 있다. 그동안 우리가 알고 있던 자본주의의 상식이었다. 경쟁에서 살아남기 위한 큰 노력과 시행착오의 과정을 거듭 겪고 나면 언젠가는 자수성가를 이루고 경제적 자유를 누릴 수 있다는 것이다. 그러나 성공과 실패가 각자의 몫이 되어버린 현대 사회에서는 유감스럽게도 노력한다고 해서 중산층의 안정과 계층 상승의 기적을 기대할 수 없다. 우리가 얻은 건 더 많은 노동과 박탈감뿐이다. 과연 이것이 우리가 그토록 바라던 경제 선진국 국민의 삶이었을까?

과로와 스트레스는 성공의 연료가 아니지만 일상이 되었다

몇몇 현대인은 과로와 스트레스가 성공의 연료라고 생각한다. 주변에서는 그러다 곪는다며 쉴 때는 쉬어야 한다고 조언한다. 그 말을 듣고도 흔들리지 않는다. 그러한 말을 듣고도 흔들리지 않고 계속해서 노력해야만 성공할 수 있다고 믿고 있기 때문이다. 속으로 그들의 안일한 충고를 비웃는다. 그러나 어리석은 비웃음이다. 그 말을 들었을 땐 이미 곪을 대로 곪은 상태다. 벌어진 상처에 반창고를 붙이는 것과 같이 일시적인 휴식으로는 무기력에서 벗어날 수 없다. 무기력이 반복되며 공황으로 이어진다. 모든 것이 망가진 후에야 주변 사람들이 내가 보지 못했던 것을 보고 있었다는 것을 깨닫게 된다.

현대인은 생존에 직접적인 위협을 느끼는 순간이 돼서야 비로소 멈추거나 휴식을 취한다. 그때는 이미 몸과 마음이 상당히 망가진 상태다. 뒤늦게 후회하고 왜 미리 감지하지 못했는지 자신을 탓한다. 그러나 그건 개인의 탓이 아니다. 모두가 쳇바퀴 안에 갇혀 살기 때문에 벌어지는 일이다. 쳇바퀴는 아무리 빨리 돌려도 앞으로 나아가질 않는다. 그저 제자리를 맴돌 뿐이다. 우리가 바쁘게 사는 이유는 미래의 행복과 안정을 위해서다. 하지만 쉼 없이 쳇바퀴만 돌리고 있으니 행복과 안정을 위해 한 발짝도 나아가지 못한다. 극도의 스트레스와 과로로 인해 몸이 보내는 신호를 인지하지 못한 채 쳇바퀴만 한참을 돌리다 제자리에서 뻗어버리는 것이다.

삶의 속도는 점점 빨라지고 우리는 늘 시간에 쫓긴다. 과로와 스트레스는 일상이 됐지만 그만큼의 희생을 치르고 얻는 생산성은 그리 높지 못하다. 애초에 꿈꿨던 미래와 계획한 목표는 저만치 멀리 떨어져 있고 좀처럼 손에 닿지 않는다. 이때 번아웃이 찾아온다. 번아웃은 이상과 현실의 괴리감을 인지할 때 겪게 되는 증상이다. 그렇다면 자신의 이상을 이루기 위해 세운 모든 계획에 초점을 맞춰 정해진 시간 안에 모두 이행하면 번아웃에 빠지지 않을 수 있을까? 그건 말처럼 쉬운 게 아니다. 그렇게 초점을 맞춰 서서히 당기다보면 언젠가 이상과 현실을 잇는 고무줄이 끊어진다. 그렇게 한 번 끊어진 고무줄은 더 이상 늘어나지도 않고 제자리로 돌아오는 탄력성을 잃어버려 회복되지 않는다.

건물 옥상과 경사가 가파른 산에는 사고를 방지하기 위한 난간이 설치되어 있다. 하지만 난간이 있다고 해서 사고를 완전히 예방할 수는 없다. 난간은 무조건적인 안전을 보장하지는 않는다. 그럼에도 난간이 주는 심리적 안정감은 분명히 있다. 러스틱 라이프는 삶에서 난간과 같다. 물론 쉼을 통해 성공한다거나 완전한 안정을 보장받는 건 아니다. 하지만 불안감과 두려움 속에서 의지할 만한 무언가가 있어야 한다. 그 무언가가 바로 삶의 큰 지지대가 된다. 러스틱 라이프라는 난간은 현대 사회의 공포 체계에서 살아남기 위한 최소한의 지지대 역할이 될 수 있다.

기술 발전이 능사는 아니며 오히려 경쟁이 심화되었다

기술의 발전으로 우리가 필요로 하는 것 이상으로 제품을 생산해낼 수 있게 됐다. 그러나 우리의 사고는 기술과 더불어 무르익지 못했다. 사실 전혀 변하지 않았다. 가령 같은 인원으로 제품을 두 배로 생산해낼 수 있는 기계가 개발됐다고 하자. 합리적인 사고라면 근로 시간을 반으로 줄여야 한다. 하지만 자본주의 체계는 냉정하다. 수단과 방법을 가리지 않고 성장하고 이익을 남기는 것이 기업의 목표라면 직원 수를 줄이거나 제품 생산을 두 배로 늘려야 한다. 그런데 이 또한 말처럼 간단한 게 아니다. 무작정 제품 생산력을 높여 생산만 증가하면 제품이 남아돌아 파산하는 고용주가 생길 것이다. 직원 수를 줄이기만 하는 것도 문제를 일으킨다. 해고된 인력이 담당하던 업무를 떠안아야 하는 남은 인력이 과로에 시달리게 되어 그로 인한 비용이 발생하기 때문이다.

우리 사회에서는 10대 때부터 강제로 대학이라는 경쟁의 장에 들어서야 한다. 왜 뛰어야 하는지, 결승선이 어딘지도 모르는 레이스에서 남들이 뛰니까 같이 뛰긴 한다. 모두 '풍요로운 삶'이라는 결승선을 향해 뛴다고 하는데 왠지 등수 안에 들지 못하면 얻을 수 없는 삶인 것 같다. 이제 같이 뛰는 사람들이 경쟁자로 보인다. 뒤처질 수 없으니 앞만 보고 달릴 수밖에 없다. 옆을 볼 수 없는 경주마처럼 달리고 달리다가 결승선을 통과했다면 그나마 다행이다. 그런데 새로운 레이스가 다시 시작된다. 취업을 위한, 승진을 위한 레이스가 연이어 펼쳐진다. 그러다 문득 아무리 달려도 풍요로운 삶에는 도달할 수 없고 쳇바퀴를 돌고 있다는 걸 깨닫고 하나둘씩 지쳐간다. 번아웃 상태가 되는 것이다.

세계보건기구WHO는 국제질병표준분류기준ICD-11에서 번아웃 burnout 증후군을 직업 관련 증상으로 분류하면서 '제대로 관리하지 못한 만성적 직장 스트레스군'이라 정의했다. 번아웃을 질병으로 공식 인정한 것이다. 그리고 번아웃의 세 가지 핵심 증상으로 에너지 고갈과 피로감, 직장이나 업무 관련한 거부감, 부정적인 생각과 냉소주의 증가를 들었다. 익숙한 단어들이다. 번아웃은 일시적인 병증이 아니다. 직업과 계층에 상관없이 번아웃은 우리 시대 사람들의 상태다.

번아웃 상태에 이른 사람들은 지금까지 당연하다고 여기던 생각에 의문을 품게 된다. 과연 이렇게 생각하고 훈련하고 적응하는 게 맞는 것인지 자신에게 묻는다. 현대 사회는 빠르게 변화하며 다양한 정보가 넘쳐난다. 이에 따라 기존에 배웠던 지식과 삶의 방식 등을 잊어야 할지도 모른다고 생각한다. 기존 지식과 상식이 더 이상 유효하지 않을 수 있기 때문이다. 끊임없이 이뤄지는 학습과 수많은 정보 속에서 필요한 지식을 선택하는 데는 새로운 관점에서 문제를 바라보는 탈학습 능력이 필요하다. 코로나19 상황에서 사람들은 반강제적으로 탈학습을 하게 됐고 변화에 대응할 수 있는 패러다임의 필요성을 자각하게 된 것이다. 기존 패러다임에서 벗어나 현대 경제를 새롭게 재건하려는 움직임이 시작된 것이다.

2. 생산성 강박
: 바쁨과 과로를 명예로 여기는 사람들이 늘어난다

현대인들은 마음의 여유와 머묾의 기술을 익혀야 한다

기술의 발달로 무엇이든 마음만 먹으면 곧장 실행할 수 있고 무엇이든 원하는 것을 빨리 얻을 수 있는 시대에 살고 있다. 그러나 이러한 현상에 곧 익숙해져 사람들은 더 빠르게 지루함을 느끼고 더 자주 불안해한다. '바쁠 망忙'이라는 한자는 마음의 여유가 없다는 뜻이다. 성장 가도를 달려온 우리는 머무는 것에 대한 가치를 잃어버렸다. 현대 사회에서는 바쁘지 않으면 사회에서 쓸모가 없고 경쟁력이 없는 것처럼 여겨진다. 우리는 자기 일에 만족해서 바쁜 것이 아니라 바쁜 삶을 살고 있는 자기 모습에서 만족감을 얻는 것은 아닐까? 현대인의 바쁨은 과연 자의적인 것일까? 만약 멈추지 않는 삶의 주체가 자신이 아니라 외부에 있다면? 이제 자신에게 바쁨의 이유를 물어봐야 한다. 무의미한 바쁨을 내려놓고 주체가 되어 머무는 기술을 되찾아야 한다.

모든 것을 생산성으로 환원하면 일의 본질이 잊혀진다

우리는 시간이 없다는 말을 꼬리표처럼 달고 산다. 시간이 없다는 것은 자본주의와 능력주의 시대를 살아가는 생존 전략의 결과이자 대가다. 시간이 없다는 것은 현대 사회 시스템에 적응하며 살아가고 있다는 것이다. "언제 밥 한번 먹자."라고 말하면서도 약속을 잡기가 쉽지 않다. 나도 바쁘고 모두가 바쁘다. 주말에도 시간이 없다는 것이 이상하지 않다. 오히려 시간이 없는 일상이 자연스럽다. 시간이 없다는 건 생산성의 증표가 됐고 이제는 시간이 남으면 불안해진다. 시간이 남는다는 건 생산성의 가치에 부합하지 않은 게으른 상태이기 때문이다.

온종일 일하며 시간을 보내는 것이야말로 현대인의 삶이라고 해도 과언이 아니다. 그런데 노동으로만 보내는 일상과 삶이 과연 인간다운 삶이자 올바른 삶이라고 할 수 있을까. 영국의 철학자 버트런드 러셀은 저서 『게으름에 대한 찬양』에서 "사람들은 일인 노동 자체를 훌륭한 것으로 믿고 있다. 그런데 실은 그것이야말로 사회에 커다란 해악을 끼친다."라고 말했다. 러셀은 일의 본질을 떠나 일을 한다는 것에만 의미를 두는 것을 꼬집어 말했다. 우리는 취업률과 실업률에는 예민하지만 노동 문제에 대해서는 무관심하다. 아이는 부모의 직업은 알지만 부모가 왜 일을 하는지는 모른다. 부모가 매일 근무지로 나가야 한다는 건 알지만 그곳에서 무슨 일을 어떤 방식으로 하는지는 모른다.

노동 자체를 훌륭하다고 여길 때 생산성의 가치에서 벗어난 일은 비효율적인 것으로 여긴다. 아무것도 하지 않는 휴식과 여가는 시간 낭비일 뿐이다. 노동력을 증진하기 위한 휴식만이 가치가 있다. 취미를 통해 자기계발을 하거나 돈을 버는 한가한 시간만이 가치가 있다. 단지 쉬고 싶어 쉰다는 것을 게으르게 보는 세상이다. 변화하는 시장과 각종 매체의 생산하라는 압박은 일상의 불안감을 키워왔다.

현대인은 "시간은 금"이라고 말하며 핸드폰을 곁에 두고 항상 시간을 확인하며 시간에 쫓기면서 산다. 시간은 누구에게나 공평하게 주어진다고 하지만 우리는 맡은 업무를 처리하기도 벅차게 절대 시간이 부족한 '타임푸어'다. 세계적으로 성공한 1%의 부자들의 하루도 24시간이다. 주어진 시간을 얼마나 활용하느냐에 따라 성패가 갈린다. 시간을 통제하면서 살아야 하는 것은 세대와 직업을 불문하고 동일하다.

생산성 강박 때문에 쉬고 있어도 쉬는 것 같지 않게 쉰다

우리는 어떤 순간이나 상황에서도 뭔가를 해야 한다는 강박에서 벗어나지 못한다. 일과 삶의 균형을 맞췄더라도 자기 관리를 소홀히 하는 것은 피해야 한다. 핸드폰을 들여다볼 수 있지만 자기계발에 유익한 정보를 얻는 용도여야만 한다. 새로운 취미를 가질 수 있지만 생산성으로 이어질 수 있을 때 가치가 있다. 이러한 강박에서 벗어나는 것은 마치 삶의 모든 것을 포기했을 때나 가능한 것처럼 여겨진다. 족쇄에 묶인 노예와 같다고 느껴져도 좀처럼 강박을 떨쳐낼 수 없다. 잠시 불안을 내려놓는 것에서도 죄책감을 느낀다. 번아웃은 자신이 세운 불가능한 기대를 이루지 못했다는 박탈감에서 비롯된다.

'쉬고 있어도 쉬는 것 같지 않다.'라는 게 무슨 의미일까? 긴장한 상태로 일에 몰두하다 보니 스트레스가 누적되어 일이 끝났다고 생각하지 못하는 것이다. 일터에서 정신없이 일하다가 퇴근 후 잠자리에 누워도 잠이 오지 않는다. 핸드폰이나 TV를 보다가 선잠이 든다. 이제 우리는 하다못해 쉬는 것조차 제대로 하지 못하고 있다. 피로로부터 회복하지 못한 채 더 피곤을 느끼면서 여가가 생긴다면 "아무것도 하지 않고 혼자 푹 쉬고 싶다."라고 말한다.

여행도 따지고 보면 생산성을 위한 과정일 뿐이다. 재충전하고 돌아와서 일을 더 열심히 하겠다고 말한다. 그러나 여행 내내 강행군을 하고 뭔가 남기겠다는 강박으로 지친 데다 돌아오자마자 쌓인 업무를 처리하려니 더 피곤하다. 그렇다고 여행에서 돌아온 집도 편안한 안식처라고 할 수 없다. 결국 여행은 우리를 회복시키지 못한다. 사진을 보고 나서야 "그때 좋았지."라고 하며 기억을 미화한다. 여행을 다녀와도 금세 반복되는 일상의 매너리즘에 빠진 것을 탓하며 다시 새로운 일탈을 찾고자 한다. 하지만 더 이상 새로운 일탈을 찾을 의욕도 없고 여행을 갈 체력도 없다. 그래서인지 무기력하게 핸드폰만 부여잡게 된다.

몸이 망가져도 일에 치여서 기분이 엉망이 됐어도 SNS를 들여다보는 건 쉽다. 각종 SNS와 앱이 중독성을 갖고 있다는 것도 알고 있다. SNS를 들여다볼 시간에 책을 읽거나 자기계발을 하는 것이 더 생산적인 것도 안다. 그러나 손바닥만한 화면에 시선이 꽂히는 순간 자신의 현실을 잊는다. 번아웃을 체감하는 순간에서 벗어날 수 있어 현재의 자신을 돌아보지 않게 된다. 핸드폰 사용 시간을 조절하기가 어려워 통제가 필요할 정도다. 핸드폰에 집착하는 사람은 의지가 부족한 사람으로 치부되기 때문에 자신을 수치스러워한다. 때로 쉰다는 것은 어느새 무기력한 자신을 발견하는 것밖에 되지 않는다.

쉬는 것 같지 않은 느낌은 박탈감에서 비롯되고 쉬어도 될지 불안해하는 마음은 죄책감에서 비롯된다. 휴식을 통해 회복과 안정을 얻기보다 강박감과 불안감에 시달린다. 우리는 휴식과 생산성 중에서 선택해야 할 필요가 없어야 한다. 쉼은 피로와 스트레스에서 벗어나 건강을 회복하고 일상을 재개하기 위한 것이어야 한다.

바쁨으로 마음의 불안을 잊는 것은 악순환의 시작이다

비즈니스를 busy-ness, 즉 '바쁨'으로도 해석한다.[21] 자본주의와 바쁨은 빼놓을 수 없는 관계다. "사업이 느리다."라고 하면 "사업에서 성과를 내지 못하고 있다." 혹은 "경기가 안 좋다."라고 받아들인다. 즉 자본주의에서 바쁨이란 곧 성과로 직결된다. 비즈니스에서 몸이 바쁘다고 한들 고객이 알아주지 않는다. 오직 성과로만 판단할 뿐이다. 현대 사회에서 유능한 비즈니스맨으로 보이기 위해서는 "비즈니스는 비즈니스일 뿐"이라고 말할 수 있어야 한다. 영업한답시고 타인과 시간에 끌려다니면서 성과를 내지 못하는 사람은 유능한 비즈니스맨이라고 볼 수 없기 때문이다.

우리 주변에선 늘 "바쁘게 살아야 한다." "열심히 살아야 한다."라고 말한다. 그런 말을 들으면서 아무것도 안 하고 있자니 답답하다. 그렇다면 무엇을 하며 바쁘게 그리고 열심히 살아야 할까? 학생은 대학에 가기 위해서, 회사에 취업하기 위해서 열심히 공부한다. 회사에서는 어떻게 살아야 할까? 시키는 일을 열심히 하고 성과를 내기 위해 바쁘게 지내면 되는 걸까? 우리는 외부로부터 바쁘게 살도록 강요받지만 정작 자신이 무엇을 위해 바쁘게 살고 있는지는 모른다.

사람들이 바쁘게 살고 있는 것은 돈과 같은 현실적인 문제 때문이다. 하지만 현실적인 문제 이전에 사람들이 '바쁨의 무의미함'을 깨닫지 못하는 이유가 있다. 우리가 바쁘게 살아가는 이유는 바쁠 때는 불안감과 두려움에서 잠시나마 벗어날 수 있기 때문이다. 현대인은 움직임에만 집중하고 머무름에 대해서는 무관심하다. 머무름의 가치를 잊은 채 더 빨리 지루해하고 더 빨리 불안해한다. 모든 것이 바쁘게 돌아가는 도시와 사람들 사이에선 나도 모르게 그들에게 동화되어 주변을 돌아볼 여유가 없어진다. 아무리 바쁜 하루였어도 스스로 만족하지 못한다면 그만큼 무의미한 바쁨이 어디 있을까?

불안과 두려움에서 벗어나기 위해 바쁘게 움직이는 경우가 있다. 무의미한 바쁨은 만족감 없이 지나가고 페달을 놓았을 때 또다시 불안과 두려움이 쫓아오게 된다. 나의 바쁨이 단순한 불안과 두려움에서 벗어나기 위한 것인지, 아니면 의미 있는 삶을 위해 나아가는 것인지 다시 한번 생각해 봐야 한다. 만약 내가 추구하는 바쁨이 무의미하다고 판단된다면 그 바쁨에서 벗어나 머무름의 시간을 가져보는 것도 좋은 방법일 것이다. 그 시간을 통해 나 자신의 가치와 의미를 되돌아보고 새로운 목표를 설정하면 더 의미 있는 삶을 살아갈 수 있다.

3. 노인 문제
: 노인과 부모 세대도 시골에서 마음의 안정을 찾고자 한다

우리나라는 경제 선진국이 됐는데도 아직도 노력을 강조하고 있다. 연령과 계층의 차이와 상관없이 '성장형 경제 관점'이라는 공동의 목표를 갖고 있다. 이 공동의 목표는 소외를 낳는다. 현대 사회에서 가치 있는 사람이 되려면 사회적 활동을 지속할 수 있어야 한다. 하지만 모두가 사회적 활동을 지속할 수는 없다. 생산성이 중심이 된 사회에서 늙음은 쇠퇴를 뜻하고 더 이상 쓸모없는 기계 취급을 받는다.

사회구성원 모두가 분명한 공동의 목표를 가질 때는 전쟁을 치르고 있을 때다. 얼마 전까지 마치 전쟁을 치르듯 달려온 경제 성장 시대의 신화, 즉 모두의 하나 된 목표가 깨졌다. 더 이상 경제 성장은 누구나 다 인정하는 공동의 목표가 아니다. 그 목표를 향해 달려온 노인층의 박탈감과 소외는 이제 심각한 사회 문제로 떠올랐다.

자본주의 사회에서 소외된 노인은 스스로 죽는다

미디어는 출생률 저하와 고령화의 그늘진 측면만을 강조한다. 경제 성장을 토대로 생산성에 중심을 두고 있기 때문이다. 노인과 아이는 살면서 누구나 맞이하는 생의 한 단계다. 아이는 아이답게 자라고 노인은 생산성의 가치에서는 밀려나지만 나이듦의 의미를 발견하는 것이다. 노인과 아이가 설 자리가 없다는 것은 우리 사회의 양식에 문제가 있다는 것이다.

보건복지부와 한국생명존중희망재단이 발간한 『2021 자살예방백서』를 보면, 2019년 인구 10만 명당 자살률이 평균 26.9명이다. 그중 80세 이상 연령대의 자살률은 67.4명이다. 경제협력개발기구 OECD 회원국 연령별 자살률 중 60대 이상 자살률이 세계 최고인 나라가 우리나라다. 65세 이상 노인들을 대상으로 조사한 결과 자살을 결심하는 첫 번째 이유로 '생활비' 문제를 언급했다. 사회적 활동이 제한된 노인들은 생산성도, 삶의 보람도 추구할 수 없어 스스로 자살을 선택하는 것이다.

이런 사회 문제가 던지는 메시지는 무엇일까? 젊었을 때 경제

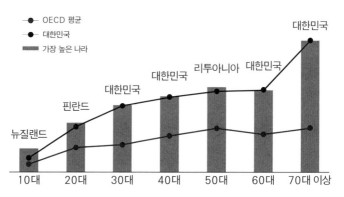

경제협력개발기구 회원국 연령별 자살률

30~40대, 60대 이상 자살률 경제협력개발기구 회원국 중 한국이 가장 높음

(출처: 보건복지부·한국생명존중희망재단, 2021 자살예방백서)

기반을 다져놓지 않으면 늙어서는 스스로 죽는다는 것이다. 경쟁에서 패배하거나 빈둥거렸다가는 비참한 노후를 맞이하게 될 것이다. 퇴직 이후 연금을 받는 공무원이 되거나 경쟁 속에서 살아남기 위해 또 노력해야 한다는 것이다. 청년들은 노후가 보장된다는 이유 하나만으로 적성과 흥미에 맞지도 않는 공시생이 되기도 한다. 청년은 앞으로 닥칠 미래의 불확실성과 두려움에 씁쓸함을 느끼고 노인은 어제의 추억과 지난날의 황량함에 괴로움을 감추지 못한다. 둘 다 각자의 삶에서 마주하는 문제들로 인해 마음이 무거워지고 내일을 향한 희망과 의욕을 잃어가고 있다.

무레 요코는 저서 『그렇게 중년이 된다』에서 "젊었을 때는 노화란 완만한 우하향 그래프를 그리며 한 해 한 해 서서히 조금씩 늙어가는 것으로 생각했다. 하지만 실제로는 그렇지 않았다. 노화는 덜컥덜컥 계단식으로 덮쳐온다. 서서히 찾아와준다면 그다지 깜짝 놀랄 일은 없었을 것이다."라고 말한다. 노인은 살면서 누구나 맞이하는 생의 한 단계다. 노인도 한때 꿈과 희망이 가득하던 시절이 있었지만 현실에 순응하면서 희망을 잃어버렸다. 더 이상 사회와 한 가족의 일원으로서 자신의 존재에 대해 책임과 희망을 느끼지 못할 때 노인은 스스로 죽기를 결심한다.

노인과 아이 사이의 부모 세대도 불안이 늘어가고 있다

경제가 저성장을 하면서 자녀 세대는 부모 세대보다 못살게 될 것이라는 불안을 느낀다고 한다. 그렇다면 부모 세대는 어떨까? 그들도 마음이 편치 않다. 자녀의 사회적 계층 하향에 대한 불안을 떨칠 수가 없다. 중산층의 지위를 유지하거나 자녀에게 유산을 물려줄 수 있을지 불안하다. 이러한 불안은 자녀에게 또 다른 강요와 압박으로 이어진다. 경제 성장 시대가 끝나 계층 하향에 대해 불안을 느끼면서도 자녀에게 공포를 심으며 '더 가치 있는 사람'이 되어야만 이 체계에서 살아남을 수 있다고 말한다. 대체 현대 사회에서 살아남을 수 있는 가치 있는 사람은 어떤 사람일까?

예비 부모에게 '좋은 부모'란 어떤 모습인지 물어보면 대부분 좋은 부모가 되기 위해선 어떤 노력과 행동을 해야 하는지 알고 있다. 일과 자녀 양육에서 한쪽에 치우치지 않는 것이다. 하지만 부모 세대는 직장의 요구 사항과 자신의 직위에 대한 불안이 늘어가고 자녀의 중산층 안착이 바늘구멍처럼 좁아졌다는 것을 실감한다. 부모 세대가 번아웃을 느끼는 것은 선수이면서 감독인 '플레잉 코치'로 뛰어야 한다는 압박감 때문이다. 직장에서는 '좋은 선수'가 되지 못하고 가정에서는 '좋은 감독'이 되지 못했다는 자괴감은 이러한 현실과 이상의 괴리감에서 오는 것이다.

병을 고치는 의사도 중요하지만 병들지 않게 건강한 먹거리를 생산하는 사람도 중요하다. 죄를 처벌하는 판검사도 중요하지만 죄가 나쁘다는 걸 알려주는 사람도 중요하다. 자녀 교육에서도 마찬가지다. '가치 있는 직업'에 대한 압박을 받으며 자라온 자녀 세대는 부모 세대보다 더한 능력주의와 우월주의를 겪게 된다. 그러나 그 누구도 경고나 위로를 제대로 해주지 못하고 있다. 부모는 아이가 너무 빨리 자라서 걱정이라고 한다. 하지만 아이에게는 시기에 맞는 지표도 없고 성장할 공간도 부족하다. 아이들은 그저 어른들을 흉내 내는 데 익숙해지고 있다.

도시에서 자녀를 키우는 부모들은 죄책감을 안고 산다. 국립환경과학원은 『어린이 노출계수 핸드북』에서 3~9세 아이들의 평일 중 실외 활동 시간은 하루 평균 34분에 불과하다고 밝혔다. 이는 캐나다 아이들의 29~34% 수준이라고 보고했다. 아이들은 뛸 때마다 얌전히 있으라고 꾸중을 들어야 한다. 아이가 아이답게 행동하지 못하게 말려야 하는 환경은 아이뿐만 아니라 부모에게도 건전하지 못한 환경이다. 상황이 이렇다 보니 요즘 젊은 부모 세대는 삶의 터전에 대해 진지하게 고민하기 시작했다. 과거에는 자녀 양육을 위한 인프라가 밀집된 도시를 떠나지 못했다. 하지만 삭막한 도시보다는 아이가 마음껏 뛰어놀면서 행복하기를 바라는 부모들이 자녀들을 데리고 도시를 떠나고 있다.

과연 현대 사회에서 진정한 어른의 역할은 무엇인가

환경주의자 레이첼 카슨Rachel Carson은 저서 『센스 오브 원더』에서 "아이의 천부적 호기심을 언제나 생생하게 유지하려면 우리가 사는 세계의 기쁨, 감격, 신비를 함께 찾아가며 감동을 나눌 수 있는 어른이 적어도 한 명은 아이 곁에 있어야 한다."라고 말했다. 아이들은 어른들이 개척해놓은 길을 따라 같은 방향으로 흘러가고 있다. 자본주의의 공포를 심고 경쟁의 장으로 밀어 넣는 어른이 아이 곁에 필요한 어른일까? 혹시 냉담한 자본주의 체계에서 살아남으려면 기어이 부품이 되어야 한다고 독려하는 것은 아닐까? 아이의 성장환경에서 어른의 역할이 절실히 필요한 때다.

가족의 생계를 책임지는 세대는 노인이 된 부모와 아이를 위해 좋은 환경을 만들어주고자 했다. 부모와 아이가 번아웃되지 않게 하려고 그토록 노력했는데 그 노력 때문에 자신들이 번아웃되고 말았다. 자신들의 사회적 활동을 위해 아이는 어린이집과 학원으로, 노인이 된 부모는 양로원으로 보내야 했다. 하지만 아이와 노인도 그들을 부양하는 세대도 모두 불안감과 박탈감을 느끼고 있다. 최선을 다해 노력해도 중산층의 안정이 보장되지 않는다면 우리는 어디서 안정을 찾아야 할까? 세대를 불문하고 복잡한 도시를 떠나 시골로 가려는 이유가 무엇일까?

아이는 아이답게 자랄 수 있는 곳을, 어른은 일과 삶의 균형이 이뤄진 곳을, 노인은 노년의 삶을 누릴 수 있는 곳을 찾으려는 것이다. 생산성의 중심지인 도시를 벗어나 지방과 시골에서 안정을 찾고자 하는 것이다. 노인은 더 이상 못쓰게 된 기계 취급을 받는 곳이 아니라 자신이 있어야 하는 곳으로 돌아가고자 한다. 아이는 학교와 학원과 집을 오가며 쳇바퀴 돌듯 사는 일상에서 벗어날 수 있는 시골에서 마음껏 뛰어놀며 스스로 알아서 큰다. 그런 아이를 노인은 빈둥댄다고 비난하지 않는다. 빈둥댄다는 것은 모두가 같은 목표를 향할 때 혼자 일탈해 있는 상태를 말한다. 생산성의 가치에서 한발 물러난 노인은 아이다움이 생산성 추구와는 거리가 멀다는 것을 알기에 무익한 시간을 함께 즐긴다.

레이첼 카슨의 말처럼 아이들은 우리가 사는 세계의 아름다움과 신비를 함께 나눌 수 있는 어른이 필요하다. 그러나 현대 사회에서는 부모가 가족을 위해 자신을 소모하면서 결국 번아웃되고 만다. 이러한 상황에서 도시를 벗어나는 선택은 단순히 경쟁과 생산성만을 추구하는 자본주의적 사고에서 벗어나려는 의지의 표현이다. 아이들이 자유롭게 자라고 노인들이 소중한 가치와 경험을 공유할 수 있는 곳을 찾아 나서는 것이다. 도시의 번잡한 환경에서 벗어나면서 서로에게 더 가까워지고 소통할 기회를 마련하게 된다. 따라서 시골에서 찾는 행복은 새로운 시각이며 자연과 조화로운 삶을 추구하는 욕구에 부응하는 선택이라 할 수 있다.

4. 부동산 가격 폭등
: 한순간에 벼락거지가 됐다는 박탈감을 느낀다

벼락부자가 아니라 벼락거지가 되는 시대가 왔다

주식, 가상화폐, 부동산 가격이 폭등하면서 이들 자산이 없는 사람들은 소위 '벼락거지'가 됐다. 『시사상식사전』에는 벼락거지를 '자신의 소득에 별다른 변화가 없었음에도 부동산과 주식 등의 자산 자격이 급격히 올라 상대적으로 빈곤해진 사람을 가리킨다.'라고 정의한다. 대부분은 성실하게 일하고 월급을 모아 나와 가족이 안락하게 지낼 '내 집'을 마련하고자 한다. 그런데 부동산 가격이 폭등하면서 평생 월급을 모아도 서울에 있는 집을 살 수 없게 됐다. 직장과 자녀의 학교는 서울에 있을지라도 내 집은 마련하지 못해 떠돌아다녀야 한다. 임대 계약 기한이 다가올 때마다 또 집값이

들썩이지는 않을지 전전긍긍한다. 그런데 가진 자들의 지갑은 갈수록 두둑해지고 그들의 집은 살 엄두도 내지 못한다. '벼락거지'라는 말이 내포하는 것은 내가 가난해졌다는 현상뿐만 아니다. 그보다 더 심각한 자괴감이 담겨 있다. 바로 시대에 뒤처지고 있다는 박탈감이다.

자고 일어나 보니 상류층이 되어 있다거나 복권에 당첨된 벼락부자를 보면 부럽기는 하지만 열등감과 박탈감을 느끼지는 않는다. 하지만 벼락거지는 다르다. 상대적 열등감과 박탈감을 느끼게한다. 부동산 가격 폭등과 2021년에 드러난 LH 투기 사건은 대중의 박탈감과 분노를 동시에 일으켰다. 그 분노는 사회적인 반발로도 이어졌다. 무엇보다 가만히 손 놓고 있을 수는 없다는 위기감도 느끼게 했다. 자신이 할 수 있는 부의 창출이 무엇인지 더 심각하게 고민하게 됐는데 저축만으로는 답이 없다고 생각한 사람들은 위험을 감수하기로 했다. 투자 위험은 크지만 높은 수익을 기대할 수 있는 가상화폐와 같은 상품에 기대를 걸게 된 것이다.

어떤 이는 부에 대한 집착과 세속적인 성공에 대한 반발로 '무소유'를 주장한다. 그러나 2030세대는 지금까지 알고 있는 무소유에 대해 달리 생각한다. 그들은 아무것도 소유하지 않고 욕심을 내려놓는 무소유의 철학을 곧이곧대로 받아들이지 않는다. 무無소유는 풀full소유 다음 단계라 생각한다. 소유할 필요가 없다는 것은 애초에 가질 수 없으니 일찌감치 포기하라는 기성세대의 오만으로 받아들인다. 누릴 수 있는 자유 대신 어쩔 수 없는 포기를 강요받는 2030세대는 배신감과 좌절감을 느낀다. 심지어 자신의 보금자리마저도 포기할 수밖에 없는 세대다. '청포족'은 주택청약을 포기한 사람들을 일컫는 말이다. 경쟁률이 치열한 데다가 희박한 당첨 확률 때문에 청약을 포기하는 것이다. 애초부터 가지려야 가질 수 없는 세대가 된 것이다.

한편으로는 주택청약에 당첨되기 위해 위장결혼과 위장이혼까지 하는 사람들도 있다. 국토교통부는 "2020년 상반기 분양 주택단지를 대상으로 벌인 부정청약 현장점검 결과 위장전입, 청약통장 매매, 자격양도 등 부정청약 의심 사례 197건과 사업 주체의 불법공급 의심 사례 3건을 적발하고 수사의뢰했다."[22]라고 밝혔다. 내 집 마련 혹은 부동산 수익을 위해 청약 조건에 유리하도록 위장결혼과 위장이혼까지 하는 것이다.

자본주의는 조직에서 개인을 해방해 스스로 삶을 개척할 수 있게 했다.[23] 개인의 노력을 통해 경제적 자유를 얻을 수 있게 된 것이다. 에리히 프롬은 이러한 과정에서 "돈은 인간을 평등하게 만드는 위대한 것이 됐으며, 출신과 계급보다도 한층 더 강력한 것이 되었다."라고 말했다. 그의 말이 지금 이 시대에도 여전히 유효할까? 현대 사회에서 돈은 과연 인간을 평등하게 만들까? 통계청 자료에 따르면 2020년 1월에 비해 2021년 6월 주택 매매가격은 26% 상승했고 심지어 세종시는 72%까지 폭등했다. 누군가는 집을 마련하기 위해 교통비조차 아껴가며 저축하는 반면에 누군가는 가만히 앉아 연봉을 뛰어넘는 수입을 벌어들인다. 벼락거지가 된 사람들은 박탈감을 느꼈다. 자신의 이상과 현실의 괴리를 인식하게 됐고 노력으로도 격차를 좁힐 수 없다는 현실을 받아들일 수밖에 없었다.

주거에 대한 소유욕은 커졌으나 실현할 방법이 없다

코로나19로 인해 집에 머무는 시간이 증가하면서 집에 대한 소유욕이 강해졌다. 그러나 부동산 가격이 폭등하고 LH 투기 사건이 알려지면서 사람들은 좌절을 넘어 불공정에 대한 분노를 느껴야 했다. 번아웃은 일터뿐만이 아니라 어디에서든 이상과 현실 사이

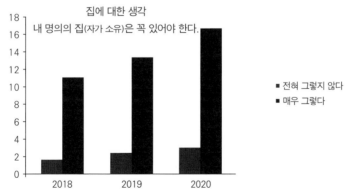

경제협력개발기구 회원국 연령별 자살률

(출처: 국가통계포털, 청년사회·경제실태조사: 집에 대한 생각)

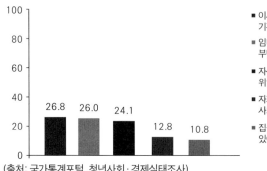

내 명의의 집이 필요하다고 생각하는 이유

- 이사하지 않고 원하는 기간만큼 살 수 있어서
- 임대료 상승에 대한 부담이 없어지기 때문에
- 자산 증식 및 보전을 위해서
- 자가가 있어야 인정받는 사회적 분위기 때문에
- 집을 마음대로 사용할 수 있어서

26.8 26.0 24.1 12.8 10.8

(출처: 국가통계포털, 청년사회·경제실태조사)

에 돌이킬 수 없는 간극이 벌어졌을 때 찾아온다. 열심히 살아왔지만 중산층의 안정이나 내 집 마련에 실패한 사람들은 박탈감을 느끼면서도 여전히 사회 문제를 개인의 문제로 착각하고 있다.

내 명의로 된 집이 있어야 한다는 비중은 2018년 10.5%에서 2019년 12.8%, 2020년 16.1%로 상승했다. 반대로 그렇지 않다고 생각하는 비중 또한 2019년 1.1%, 2019년 1.9%, 2020년 2.5%의 비율로 해마다 상승했다.

내 명의로 된 집이 필요하다고 생각하는 이유 1위와 2위는 "이사하지 않고 원하는 기간만큼 살 수 있어서(26.8%)"와 "임대료 상승에 대한 부담이 없어지기 때문에(26.0%)"가 차지했고 "자산 증식 및 보전을 위해서(24.1%)" "자가가 있어야 인정받는 사회적 분위기 때문에(12.8%)" "집을 마음대로 사용할 수 있어서(10.8%)"가 뒤를 이었다.

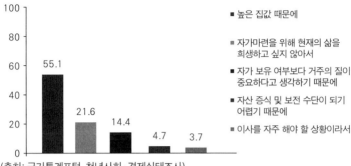

내 명의의 집이 필요하지 않다고 생각하는 이유

- 높은 집값 때문에
- 자가마련을 위해 현재의 삶을 희생하고 싶지 않아서
- 자가 보유 여부보다 거주의 질이 중요하다고 생각하기 때문에
- 자산 증식 및 보전 수단이 되기 어렵기 때문에
- 이사를 자주 해야 할 상황이라서

(출처: 국가통계포털, 청년사회·경제실태조사)

    반대로 내 명의로 된 집이 필요하지 않다고 생각하는 이유 1위는 "높은 집값 때문에"가 절반 이상인 55.1%를 차지했고, "자가 마련을 위해 현재의 삶을 희생하고 싶지 않아서(21.6%)" "자가 보유 여부보다는 거주의 질이 중요하다고 생각하기 때문에(14.4%)" "자산 증식 및 보전 수단이 되기 어렵기 때문에(4.7%)" "이사를 자주 해야 할 상황이라서(3.7%)"가 뒤를 이었다.

    통계 결과를 분석해보면 해마다 "내 명의로 된 집이 있어야 한다."의 비중이 높아지고 있다. 반면에 내 명의로 된 집이 필요하지 않다고 생각하는 이유로 응답자의 절반 이상이 '높은 집값'을 꼽았다. 이는 주거에 대한 욕구는 커졌으나 부동산 가격 급등과 임대료 부담 등의 이유로 현실은 자가로 된 집을 마련할 수 없다고 생각하는 것으로 해석할 수 있다. 이러한 현실에 좌절하여 부정적인 감정을 분출하거나 자신의 결핍을 엉뚱한 곳에다가 해소할 수 있다.

프랑스어 르상티망ressentiment은 '약한 입장에 있는 사람이 강자에게 품는 질투, 원한, 증오, 열등감 등이 뒤섞인 감정'[24]을 의미한다. 르상티망에 사로잡히게 되면 증오와 열등감 같은 부정적 감정을 일으키는 원인에 복종함으로써 그 감정을 해소하려 한다. 가령 자신에게 필요하지 않은 비싼 명품을 소비하고 과시하면서 부정적 감정을 대리 해소하는 것이다. 경제 상황이 악화됨에도 명품 시장이 호황을 보이는 것은 미디어가 끊임없이 르상티망을 자극하고 있기 때문이다.

니체는 "르상티망을 가진 사람은 대부분 용기와 행동으로 사태를 호전시키려 들지 않는다. 그 때문에 르상티망을 발생시키는 근원이 된 가치 기준을 바꾸거나 정반대의 가치 판단을 주장해서 르상티망을 해소하려고 한다."라고 말했다. 내 집을 갖지 못하는 현실에서 느낀 박탈감은 주택을 소유한 이들을 시기하게 되는 르상티망을 발생시키는 근원이 됐다. 사람들은 아무리 노력해도 서울에 내 집을 갖지 못한다는 현실을 인지하자 서울이 아니라 지방으로 시선을 돌려 르상티망을 해소하려 하고 있다.

서울에는 내 집이 없기에 지방으로 가는 것도 해결책이다

'영끌'과 같은 무모한 투자를 하는 젊은 세대는 과연 어리석은 존재들일까? 그 어떤 세대보다 월등한 교육을 받고 자란 밀레니얼 세대가 한 치 앞을 내다보지 못한다고 말할 수 있을까? 우리 사회의 내밀한 속사정을 들여다보면 밀레니얼 세대의 어리석음보다 구조의 문제가 드러난다. 위험이 큰 투자 방식은 밀레니얼 세대가 만든 과잉 욕망이 아니다. 자본주의 체제에서 살아남기 위한 대응이었다.

『이솝우화』중「여우와 신 포도」에서 여우는 탐스러운 포도를 발견하고 따 먹으려고 했지만 아무리 노력해도 자기 손이 닿지 않자 "어차피 이 포도는 시어서 먹지 못할 거야."라고 말하며 포기하고 만다. 이 우화는 자신의 실패를 인정하지 않고 변명과 억지 주장을 하는 어리석음을 꼬집는다. 문제의 실체는 애써 외면하면서 엉뚱한 데서 원인을 찾는 게 왠지 지금의 밀레니얼 세대를 바라보는 시선과 닮은 듯하다. 그리고 보면 "서울에 내 집이 없는 것이 나의 실패일까?"라는 의문이 생긴다. 『한국일보』기사에 의하면 서울에 중간 가격대 집을 구하려면 중위소득 가구가 17.8년 동안 한 푼도 쓰지 않고 모아야 가능하다고 한다.[25]

홍익대학교 건축학과 유현준 교수는 유튜브 채널「집코노미TV」와의 인터뷰에서 "경제 정책을 봤을 때 경제 성장률을 2~3% 유지한다면 돈의 가치는 가만히 두면 2~3% 떨어지는 것이지만 부동산 가치는 가만히 있어도 2~3% 오르는 것"이라며 "경제 성장과 집값 하락은 모순"이라고 분석했다. 10년 동안 임대주택에 살면서 저축해도 경제 성장률을 고려했을 때 내 집 마련의 꿈은 턱도 없다. 그렇다고 망연자실하여 주저앉아 있을 수만은 없기에 사람들이 서울을 떠나려는 것이다.

경제가 어렵다는 것도 알고 월급만으로는 내 집을 마련할 수 없다는 것도 안다. 그래서 서울을 떠나 지방에서 '내 집 마련의 꿈'을 실현하는 것도 러스틱 라이프의 일부가 된다. 서울에서는 방 한 칸 마련하기 어려운 가격으로 지방에서는 마당이 딸린 개인의 공간을 확보할 수 있다는 점이 매력적으로 다가온다. 단지 노력만으로 내 집을 마련할 수 있다는 기대는 줄었지만 내 집을 마련하기 위한 노력의 밀도는 높아졌다. 환경을 탓하기보다 그 속에서 해결법을 찾으려는 것이다.

5. 경쟁 과열

: 비교문화에 지친 X세대와 젊은이들이 지방으로 간다

2021년 통계청의 연령별 귀농가구원 조사에 따르면 전체 귀농가구원 수 1만 9,776명 중 50대는 5,890명(28.73%)으로 60대 6,299명(31.85%) 다음으로 큰 비중을 차지했다. 60대는 정년과 은퇴를 맞이해 귀농을 한다고 해도 아직 직장에서 한창 일을 해야 할 50대가 된 X세대의 귀농이 눈에 띈다. 도시에서 직장을 다니던 그들은 왜 농촌으로 눈을 돌렸을까? 대기업에 다니는 이들도 예외가 아니었다. 정년퇴직의 나이가 될 때까지는 아직 여유가 있음에도 회사를 나오려고 한다. X세대에게 그 이유를 물어보면 '조직 생활의 삭막함' '정년이 보장되지 않는다는 불안함' 등을 꼽는다. 경제 성장 시대의 마지막 급류에 올라탄 X세대는 자기 삶을 되돌아볼 겨를 없이 달려왔다. 그러나 '100세 시대'에 들어선 지금 50대가 되자 남은 인생 2막을 어떻게 보낼지 고민하고 있다.

X세대는 낀 세대가 되기 싫어 지방으로 내려간다

X세대는 조직에서 고위직을 맡고 있는 기성세대와 2030세대 사이에 어중간하게 낀 세대다. 디지털 전환 시대에서 조직이 X세대에게 요구하는 책임이 막중해지고 있다. X세대는 디지털로 바뀌고 있는 사회, 시장, 노동환경에 적응해야 하는 것은 물론 코로나19로 인해 비대면 업무가 확산하면서 유연하게 조직을 이끄는 리더십을 발휘하라는 요구를 받고 있다. 거기에다 MZ세대와의 관계에서는 시대에 뒤처지는 꼰대가 되어서는 안 된다. 한편 조직에서는 연차에 상관없이 매니저, 책임, 코치 등으로 부르며 기존의 부장, 차장과 같은 직위가 의미가 없게 됐다. X세대는 연차에 상관없는 능력주의 체계에서 변화에 적응이 빠른 젊은 세대에 밀려 입지가 갈수록 좁아지고 있다. 그러자 X세대 역시 조직에 순응보단 탈출을 모색하는 추세가 나타나고 있다.

기술의 발달 속도가 가속화되고 있지만 X세대는 IT 시대에 성장한 젊은이들에 비해 적응 속도가 느리다. 위에서는 디지털 전환에 유연하게 적응해 아랫사람들을 이끌라고 압박한다. 아래에서는 새로운 디지털 기술에 적응하지 못하는 X세대가 답답하다고 구시

렁거린다. 중간에 낀 세대가 되어버린 X세대는 이 모든 압박과 불만을 극복해내야 살아남을 수 있다. 그것도 잘 해내야 한다. 변화를 단순히 수용하는 것으로 그쳐서는 지속적인 생존을 보장받을 수 없다.

"빠르게 변화하는 시대에 유연하게 적응하는 젊은이들 사이에서 점점 초라해지는 나를 발견했어요. 요즘 애들은 어렸을 때부터 디지털 시대에서 살아왔기 때문에 적응이 빠른 것은 당연한 거라 알고 있지만 위에서는 누르고 아래에서는 치고 올라오는 사이에 껴서 더 이상 버틸 수가 없었어요."

아마도 이런 하소연은 X세대라면 한 번쯤 해봤거나 마음속에 똬리처럼 들어앉아 있는 심정일 것이다. 미국의 심리학자 C. 브로드는 이러한 현상을 '테크노스트레스'라고 부르며 새로운 메커니즘을 받아들여야 하는 상황에서 적응하지 못해 직장을 그만두거나 우울증에 빠지게 되는 현상이라고 말한다.

현대 사회에서 디지털이 빠진 노동환경은 상상할 수 없다. 디지털의 발달은 환경과 시간에 제약받지 않고 일을 처리할 수 있는 노동환경을 만들었다. 코로나19를 거치면서 효율적이고 편리한 디지털 노동환경이 빠른 속도로 구축되고 자리 잡았다. 그러나 마냥 좋은 것만은 아니다. 변화에 빠르게 적응한 이들은 적응하지 못한 이들의 몫까지 할당받아 업무 갈등이 발생했다. 변화에 쉽사리 적응하지 못하는 이들은 테크노스트레스에 시달리며 자신이 직장에서 쓸모없어지게 될까 봐 불안감에 시달려 디지털 세상에서 벗어나고 싶어 한다.

점수가 자신의 발목을 잡을 줄은 미처 몰랐다

우리나라의 교육 시스템은 강점을 앞세우기보다 약점을 보완해야 한다는 강박에 사로잡혀 있다. 한 학생이 시험에서 수학 과목은 20점을 받고 미술 과목은 100점을 받았다고 하자. 이 학생은 미술학원에 등록해서 강점을 특화하는 것이 바람직하지만 아이러니하게도 수학학원으로 보내진다. 이러한 교육환경에서 자란 학생들은 자신의 강점에 자부심을 느끼지 못하고 약점에 대해 부끄러움을 느낀다. 자신의 약점만을 보완하는 삶은 재미도 발전도 없다.

약점만을 부각하는 것은 결국 타인과의 비교로 이어진다. 상대방보다 못한 부분을 부단히 노력해 끌어올려야 한다는 것이다. 그러나 타인과의 비교는 박탈감을 느끼게 한다. 2011년 부탄은 '가장 행복한 나라' 1위였다. 하지만 SNS가 발달하면서 자신들이 최빈국에 살고 있다는 사실을 인지하게 되자 2019년 행복 지수가 95위로 곤두박질쳤다. 그렇다면 박탈감을 불러일으키는 비교와 약점의 부각에서 오는 압박과 공포에서 벗어나려면 어떻게 해야 할까? 삶의 주도권을 외부가 아니라 자신에게 가져와야 한다. 자신의 약점보다는 강점을 발휘하는 삶을 사는 것이다. 미디어와 주위 사람들은 "잘하는 일을 하면 성공할 수 있다."라고 말한다. 하지만 우리는 잘하는 일을 하는 것에 익숙하지 않다. 미래에 경제적 성공을 가져올 수 없는 강점은 그저 개성이라 말하고 성공을 위해 자꾸만 약점을 보완하려 든다.

지방에서 태어난 젊은이들이 도시로 가고자 하는 이유는 단순히 일자리 때문은 아니다. 연고가 있는 지역에서 안정된 직장을 가질 수 있어도 한 번쯤은 서울 생활을 해보고 싶기 때문이다. 젊은이들이 도시로 가는 이유는 자신의 존재에 대한 '평가'를 받고 싶기 때문이다. 우리는 어렸을 때부터 평가에 익숙하다. 100점에 가까운 점수를 받을수록 칭찬을 받고 0점에 가까운 점수를 받을수록 질타를 받는다. 획일화된 교육 시스템에서 점수는 자신을 평가하는 수단이 된다. 그러나 사회로 나오게 되면 학교에서처럼 명확한 숫자로 평가하는 곳을 찾을 수 없다. 그러자 자신이 누구인지 어떤 존재인지 헷갈린다. 우등생과 열등생으로 명확히 자신의 존재를 증명했던 학교와 달리 사회에서 내가 누구인지 알 수가 없다. 자신의 존재를 객관적으로 평가받고 싶기에 젊은이들은 도시로 향한다.

지역에서 인정받으며 자라왔지만 자신은 '우물 안 개구리'라며 더 넓은 곳에서 경쟁하고 싶어 한다. '100명 중 1등이었다면 1만 명 중 나는 몇 등일까?'라고 생각하는 것이다. 경쟁을 통해 자신의 존재를 증명하고 싶어 한다. 그런데 단순히 더 넓은 곳에서 경쟁해 이기겠다는 야망이 있는 사람만 도시를 찾는 것은 아니다. 자신의 존재를 평가할 때 등수는 상관없이 그저 자신의 점수를 알고 싶은 사람도 있다. 자신의 점수를 알아야 자신의 강점은 무엇인지, 목표는 어느 정도로 세워야 할지 알 수 있기 때문이다. 그러나 이 점수가 자기 발목을 잡으리라곤 미처 생각하지 못한다.

현대 사회에서 젊은이들이 불안과 무기력에 빠지는 이유는 그저 높은 점수가 자신의 사회적 가치라고 생각하기 때문이다. 사회가 정밀도 높은 평가를 원한다면 스펙 같은 객관적 비중을 늘리면 된다. 하지만 객관적 평가가 과잉되면 사회는 다양성을 잃어가고 규격화된 청년들만 증가하게 된다. 한 기업의 인사담당자는 인터넷에 자기소개서 모범답안이 돌자 같은 질문에 같은 대답을 하는 경우가 많아졌다고 말한다. 이제 젊은이들은 남이 시키지 않아도 도시로 가서 평가받고 규격화되기를 자처한다.

자신의 '존재 증명'의 수단이 '객관적 평가'가 아니라는 것을 안 이들은 점수에 관심이 없다. 남들이 다 하는 것과 그 안에서 경쟁의 우열을 가리는 것에 흥미가 없는 것이다. 자신이 무엇을 통해 행복감을 느끼는지 알기 때문이다. 사회는 규격화된 사람들이 아니라 각자 개성을 간직한 사람들이 모여 사는 곳이어야 한다. 더 이상 객관적 평가와 점수가 자신의 존재 가치를 증명하는 것이 아니라는 것을 깨닫게 되자 도시를 벗어나려는 사람들이 증가하고 러스틱 라이프라는 새로운 라이프스타일에 관심이 쏠리고 있다.

6. 대퇴사
: 왜 MZ세대는 대거 사표를 냈는가

미국에서 '대퇴사Great Resignation'라는 신조어가 생겼다.[26] 이는 1930년 미국 역사상 가장 힘들었던 '대공황the Great Depression'을 떠오르게 하는 신조어다. 우리나라에서도 대퇴사의 움직임이 감지되고 있다. 취업 관문은 좁아졌다고 하는데 사람들은 왜 자발적으로 퇴사하는 걸까?

대퇴사 시대는 코로나19와 밀접한 관련이 있다. 팬데믹으로 열악해진 노동환경과 얼어붙은 고용시장은 삶의 우선순위를 재정립하게 했다. 일이 주는 성취감은 삶의 우선순위에서 밀려났다. 사람들은 자기 삶에 더 큰 가치를 두기 시작했고 일자리에 대한 만족도가 떨어지면서 새로운 기회를 찾고자 하는 경향이 나타났다. 무작정 버티기보다 더 나은 삶을 찾아 떠나기 시작한 것이다.

달라지고 열악해진 노동환경이 자신의 일을 되돌아보게 했다

노벨경제학상 수상자인 폴 크루그먼은 『뉴욕타임스』에 쓴 칼럼 「미국 노동자들의 반란」에서 "팬데믹은 미국 노동자들에게 자신들의 삶을 다시 생각해보고 과연 이런 형편없는 일자리에 계속 매여 있어야 하는지 스스로에게 묻게 했다."라고 말했다.[27] 코로나19로 인해 같은 시간과 공간에서 근무를 최소화할 수 있는 재택근무가 앞당겨 도입됐지만 재택근무를 적용할 수 없는 업종의 경우 팬데믹 상황에서도 일을 해야만 했다. 팬데믹이라는 같은 환경에 놓였어도 재택근무를 할 수 없었던 사람들은 박탈감을 느끼고 직장을 떠나고 있다.

이런 현상은 비단 미국만의 문제가 아니었다. 우리나라도 코로나19가 기승을 부리면서 간호사 이직률이 극에 달했다. 전국보건의료산업노동조합이 전국 102개 의료기관을 대상으로 한 조사에 의하면[28] 2020년도 간호사 이직률이 20%를 넘긴 병원은 13곳이다. 서울의 한 병원은 간호사 175명 중 75명이 퇴사했다. 이는 42.8%에 이르는 수치다. 간호사들은 사회적 봉쇄 조치에도 불구하고 증가하는 환자들을 돌보기 위해 자기 삶을 포기해야만 했다. 인간관계는 단절되고 개인의 영역은 좁아졌다. 근무 시간은 연장

됐지만 여가는 줄어들었다.

열악해진 노동환경과 무조건적 희생을 강요받는 부당한 대우로 직업에 대한 소명감이 약해지고 박탈감을 느끼게 된 것이다. 자녀를 둔 간호사 A씨는 코로나19 전담병원 간호사인 것이 알려지자 다른 학부모들이 불안해한다며 어린이집 등원을 거부당했다. 당장 아이를 돌봐줄 곳이 없어서 친정에 맡겨야 했다. 간호사라는 이유로 개인뿐만 아니라 가족까지 손해를 입게 된 것이다. 개인의 희생을 마다하지 않고 일하고 있지만 존중받지 못하고 있다는 생각에 회의와 분노를 느꼈다.

코로나19가 가라앉지 않자 사회적 봉쇄 조치가 강화되고 개인의 영역이 축소됐다. 사람들은 반복되는 위기와 잦은 지침 변경으로 일터뿐만 아니라 일상에서까지 긴장의 끈을 놓지 못하는 시간을 보냈다. 그리고 팬데믹이 가져온 노동환경의 변화는 일과 삶의 균형을 이루기보다는 양극화 현상을 보인다. 대면 근무를 하는 이들의 경우 업무 강도는 가중됐지만 안정을 취할 수 있는 여건은 오히려 줄어들었기 때문이다. 더 이상 일터에서 삶의 보람이 없다고 생각한 이들은 순응이 아니라 탈출을 택하게 된 것이다.

연봉이 다가 아니라 존중받는다는 느낌과 워라밸이 중요하다

MZ세대는 코로나19로 인해 고용시장이 얼어붙고 경제가 어려워짐에도 불구하고 퇴사를 결정한다. 왜 힘들게 들어간 일자리를 스스로 그만두는 것일까? MZ세대가 첫 이직을 결심한 가장 큰 이유는 일과 삶의 균형 불만족과 낮은 연봉 문제를 꼽았다.[29] '업무 과다 및 야근으로 사생활을 누리기 힘듦(38.6%)'이 가장 응답이 많았고, '낮은 연봉에 대한 불만(37.1%)'도 비슷한 비율로 응답했다. 사회초년생으로서 고액의 연봉은 기대할 수 없겠지만 연봉을 높인다고 퇴사를 막을 수 있을까?

고액의 연봉을 마다할 사람은 없다. 나를 위해 쓰는 시간조차 돈이 없으면 할 수 있는 게 한정되기 때문이다. 하지만 '연봉만큼 일해야 하는 회사' '내 삶이 없는 회사'라는 말처럼 회사에 머무는 이유가 경제적 가치인 것만은 아니다. 대기업에 취직한 A씨는 하루 평균 10시간 이상 일하는 것은 예삿일이었고 주말에도 회사에 나와야 했다. 그는 회사에 들어가고 나서 건강 악화와 반복되는 업무에 스트레스를 겪었다. 연봉만 보고 지원한 회사는 삶의 만족감을 채워주지 못했다.

반면 중소기업에 다니는 직장인 B는 주 4일 탄력근무제로 출근한다. 근무 시간을 줄여 몰입도와 효율을 올리겠다는 회사의 방침이다. 생일날에는 연차를 쓰지 않고 조기 퇴근하고 보너스까지 받는다. 연봉은 적지만 회사에서 자기계발 비용과 출퇴근 비용을 지원하기 때문에 아쉽지는 않다. 개인의 사소한 영역까지 신경 쓴 복지제도가 있어 자신이 회사에서 사람으로서 존중받고 있다는 생각이 든다고 한다. 워라밸을 선택하는 이들은 시간을 팔아 돈을 벌기보다 남는 시간을 활용해서 자신이 선택한 삶을 살고자 하는 것이다.

평생직장의 개념이 사라지고 고용시장이 불안해지는 요즘 '좋은 직장'을 선택하려는 태도가 신중해지고 있다. 좋은 직장에 대한 기준은 상대적이겠지만 경제적 가치 외의 것이 중요해지고 있다. 이직을 낮추기 위해서는 연봉 인상만이 전부가 아니다. 근무 시간 선택권을 존중하는 복지제도는 MZ세대의 직장 근속에 큰 영향을 끼친다. 경제적 가치보다 스스로 삶을 통제할 수 있는 선택권이 중요한 복지 혜택으로 자리 잡은 것이다.

MZ세대에게 퇴사는 부끄러운 일이 아니라 새로운 시작이다

미디어를 통해 본인의 퇴사 욕구를 대리 해소할 수 있는 퇴사 콘텐츠가 인기를 얻고 있다. 퇴사는 '직장 스트레스 해소' '하고 싶은 것을 하는 삶' '새로운 출발' 등으로 비친다. 퇴사 콘텐츠가 인기를 끌게 된 것은 같은 이유로 퇴사를 고민하고 있다는 공감과 퇴사라는 대리 해소를 통해 만족감을 느끼기 때문이다. 퇴사는 직장 스트레스에서 벗어나 자신이 선택한 삶을 산다는 '존재 증명'의 키워드가 됐다.

유튜버 B는 높은 경쟁률을 뚫고 합격한 공무원을 관두게 된 배경과 소감을 올려 화제가 됐다. 그가 안정적이라고만 생각했던 공무원이라는 직업이 '진짜 행복'을 가져다주지 않았다. 안정적으로 살다 보니 사는 게 재미가 없고 무기력해졌다. 그는 공무원 연금도 불안했다고 한다. 공무원 연금을 받으려고 공무원이 됐는데 정작 퇴직한 공무원들이 연금만으로 부족하게 생활하는 것을 봤다. 안정적인 직업은 허상에 가깝다는 게 그의 생각이다. 미래에 자신이 없을지도 모르는데 안정적인 미래를 따지는 게 허무하다는 것이다. B는 대부분 수동적인 업무를 하는 공무원으로 살기보다 자신이 하고 싶은 일을 하며 살겠다며 퇴사를 결심했다.

그의 퇴사 소회를 본 사람들의 반응은 꽤 긍정적이었다. 댓글에는 "퇴사가 말처럼 쉬운 게 아닌데 본인의 인생을 위해 과감한 선택을 한 게 대단하다." "돈 많이 버는 것도 중요하지만 현재의 삶에 만족하는 게 중요한 것 같다." "마음고생이 심했겠다." "이제 좋아하는 일을 하면서 살았으면 좋겠다."라는 등 퇴사를 응원하는 메시지가 이어졌다. 이런 댓글을 보더라도 MZ세대는 퇴사를 부끄럽게 여기지 않는다는 것을 알 수 있다. 2030세대는 퇴사 사실을 유튜브에 올리기도 하며 적극적으로 알린다. 퇴사 소식을 전하며 그동안 많이 배웠다면서 선물을 돌리기도 한다. 동료들은 퇴사 기념 선물과 케이크를 사주면서 새 출발을 응원한다.

자기중심 시대에 살고 있는 지금 통제의 주체는 외부에 있지 않고 자신에게 있다. 미디어가 말하는 안정적인 직장과 MZ세대가 생각하는 안정적인 직장의 기준은 다르다. 주어진 일만 처리하는 수동적인 삶에 매너리즘을 느끼는 MZ세대는 이러한 직장이 안정적이라 생각하지 않는다. 매너리즘에 순응하기보다 적극적으로 탈출하려고 한다. 일상이든 일터든 자신이 통제하고 관리하고자 한다. 그러지 못할 때 이직이나 퇴직을 결심하게 되는 것이다.

회사를 선택하는 이유도 달라져야 한다. 회사를 선택하는 요소는 워라밸과 연봉뿐만 아니라 직업에 대한 사명감과 사회적 공헌 등 다양하다. 자신이 어느 회사에 들어갈지 결정하는 이유는 개인마다 다르지만 하나의 가치에 치우친 선택은 경계해야 한다. 한쪽에만 치우쳐 움직인다면 일을 지속하기 어렵고 이상과 다른 현실에 상실감을 느끼게 된다. 안정에만 치우쳐 취직했지만 높은 업무 강도와 스트레스에 시달렸고 결국 경제적 안정도 얻지 못했다. 내 기준과 남의 기준이 다르기 때문이다. 일터에서 더 이상 내 모습을 찾을 수 없다고 판단한 사람들이 직장을 떠나고 있다.

7. 슬로 라이프
: 그들은 살기 위해 러스틱 라이프를 결심했다

자본주의의 효율성만 따진다면 되도록 빨리 무언가를 만들어 내고 이익을 거둬야 한다. 이러한 효율성은 삶보다 시간표를 요구한다. 하루, 일주일, 한 달, 일 년이라는 시간 동안 얼마나 많은 것을 생산할 수 있는지만 따진다. 그동안 한 인간의 삶은 말 그대로 녹아내린다. 그리고 한 번 밟은 페달을 멈출 수도 없다. 앞으로 쭉 뻗은 길을 그대로 내달려야만 살 수 있다. 마치 멈추면 죽을 수밖에 없는 경기를 하는 것처럼 말이다.

효율성과 죽음. 극단적인 비교이지만 실제로 많은 사람이 시간을 재촉하면서 목숨을 걸고 일을 한다. 만족할 수 없는 효율성을 끝끝내 추구할지, 아니면 이쯤에서 멈추고 삶을 선택할지 결정해야 할 순간이 있다. 느리게 가더라도 그게 삶이라면 무의미하지 않다. 삶의 호흡을 조절하며 살길 원하는 사람들이 새로운 삶의 터전을 꾸려나가고 있다.

빠른 삶을 내려놓고 아주심기처럼 삶의 터전을 옮기다

2000년대 초반 '해피콜'은 주부가 아니어도 알 만한 주방용품 브랜드였다. 이현삼 회장이 만든 해피콜은 2001년 양면 팬을 출시해 2,000만 개 이상 판매했다. 2008년 출시한 다이아몬드 팬은 금세 1,000억 원 매출을 달성했다. 출시하는 상품마다 히트했고 국내외에서 유사품이 넘쳐났다. 가전제품에 도전하며 초고속 블렌더를 출시해 1년 만에 국내 시장점유율 50퍼센트를 차지했다. 이렇듯 성공 가도를 달리던 이현삼 회장의 앞날은 성공한 사업가의 창창한 미래가 연상됐다. 그런데 그의 다음 행보는 모두의 예상을 뛰어넘었다. 그는 잘나가던 회사를 매각하고 '공작산 휴양림 농부'로 제2의 인생을 살고 있다. 어쩌다 그는 이런 극적인 전환을 한 것일까?

그는 경기도 포천에서 군 복무를 했는데 영하 28도 추위에서 매복 근무를 주로 하다 보니 손과 발이 동상에 걸렸다. 한동안 고생하다가 나을 것으로 생각했지만 본격적으로 사업을 시작하면서 증세가 되레 악화됐다. 여름에도 내복을 입어야 했고 한번 감기에 걸리면 1~2년씩 시달렸다. 업무상 비행기를 자주 타야 했는데 에어

컨 때문에 한여름에도 가죽점퍼와 가죽장갑을 착용해야 했다. 그때 치료를 위해 찾게 된 곳이 현재 머무는 홍천 공작산이다. 산삼을 먹고 황토방에 들어가서 휴식하면 오한이 가시고 상태가 괜찮아졌다. 일상을 회복하기 위해 처음에는 일주일의 휴식기가 필요했는데 그다음에는 한 달, 3개월, 6개월로 증가했다. 그는 공작산에서 반복되는 치유를 통해 무엇이 삶의 우선순위인지를 깨닫게 돼 회사를 매각하고 자연으로 돌아가기로 결심했다.

현재 그는 5형제 중 4형제와 함께 공작산 휴양림에 살며 가족 사업을 일구고 있다. 사실 가족 사업이라기보다는 자연에서 가족들이 함께 즐거운 취미생활을 하는 것이다. 취미로 일을 하다 보니 힘든 줄 모르고 번거로운 과정에서 오는 즐거움을 만끽한다. 그는 아무것도 하지 않는 것보다 일과 취미와 휴식이 균형을 이뤄야 행복한 것이라고 말한다. 가족들과 함께 천연비누 제조가 끝나면 공작산 정상에서 명상하며 자신만의 시간을 갖는다.

그는 한 인터뷰에서 "사업은 가파른 오르막에서 자전거를 타는 것하고 똑같다."라고 말했다. 페달을 멈추거나 천천히 돌리면 그 자리에서 쓰러지거나 내리막을 달려 곤두박질치고 만다. 오르막 끝에 쉴 곳이 있을 것이라 믿고 죽어라 페달을 돌리며 올라갔지만 막상 올라가보니 더 큰 경사의 오르막이 기다리고 있었다. 그는 변화의 과정과 후회를 담은 책 『농부 하는 중입니다』에 "나는 남들보다 빠르게 살았고 빠르게 죽어가고 있었다."라고 썼다. 그가 기업을 매각하고 공작산으로 간 것은 기업을 떠난 것이 아니라 자연으로 돌아간 것이다.

이현삼 회장은 아주심기처럼 옮긴 삶의 터전에서 자신의 인생을 꾸려가고 있다. 아주심기란 식물이나 작물을 자라던 곳에서 새로운 자리로 옮겨 심는 것을 말한다. 아주심기를 한 작물은 추위에 강하고 작물이 단단하다. 이현삼 회장의 아주심기 삶도 마찬가지다. 하지만 이런 삶이 쉽지는 않다. 동경하는 이상이 있어 삶의 터전을 옮기지만 직접 경험을 하면서 처음 생각했던 이상과는 다른 모습에 방황하고 실망해 또다시 삶의 터전을 옮긴다. 마치 유목민처럼 이곳저곳을 떠돈다. 이런 방황을 통해 무엇을 하면서 살지 깨닫게 된다. 그동안 아주심기를 할 수 있는 뿌리가 자랐기 때문이다. '어디에서 왔는지'는 중요하지 않다. '어디로 가는지'가 삶에 더 중요하다.

바쁨이라는 안경을 벗어야 시야가 넓어지고 길이 보인다

서명숙 제주올레 이사장은 국내 정치부 여성 기자 1세대로 25년간 기자로 일했다. 특종을 위해서 거친 몸싸움도 마다하지 않는 독종이었다. 그녀는 직장에서 마녀로 불렸다. 그런 그녀가 돌연 사표를 던지고 산티아고 순례길로 떠났다. 돌아와서는 고향인 제주에 길을 만들겠다고 선언했다. 그녀가 편집국장의 자리를 내던지고 고향인 제주로 돌아와 길을 만든 이유는 무엇일까?

서 이사장은 오랜 시간 기자 생활을 하며 사회적 지위는 높아졌지만 많은 압박과 스트레스에 시달려야만 했다. 한 인터뷰에서 "언론은 무한경쟁 지대고 취재는 전쟁이에요. 매체가 늘어나고 인터넷, SNS 등 채널이 늘어나면서 경쟁은 더 치열해졌죠. 한순간에 특종의 영광과 낙종의 비애가 엇갈리니 기자는 언제나 퍼렇게 날이 선 채 사방에 촉을 세워야 해요. 그 전장에서 25년을 지내는 동안 어느새 내가 '피로한 괴물'이 되어 있다고 느꼈어요. 내가 얼마나 지쳤는지를 실감한 것이죠."라고 말했다. 어느 날 건강에 적신호를 느껴 병원에 갔지만 정확한 원인과 증상을 파악할 수 없었다. 그녀를 진단한 의사는 임계점에 놓여 있는 것 같다고 말했다. '임계점'이란 한계점에 도달한 상태로 그 이상을 넘어가면 다른 물질이 되는 경계를 말한다.[30]

의사가 그녀에게 해줄 수 있는 조언은 스트레스와 과로로부터 멀어지라는 말뿐이었다. 그때부터 그녀는 시간과 장소에 제약받지 않고 장비와 파트너가 필요 없는 '걷기'를 시작했다. 걷기는 몸의 지방을 태우고 근육을 만들었고 정신적으로도 부정적인 생각을 없애고 마음의 근육을 만들었다. 한창 걷기에 빠져 있던 중 스페인 산티아고 순례길을 알게 됐고 직장을 그만두기로 결심했다. 자신의 건강과 번아웃을 해결하기 위해 직장에 사표를 던진 것이다. 산티아고 순례길에서 매일 20킬로미터 이상 걸으며 자신의 인생을 되돌아보았고 온전히 자신을 찾을 수 있었다.

자신을 돌아볼 시간조차 없을 만큼 바쁜 삶을 사는 사람들이 자주 하는 말이 있다. "내가 꿈꾸던 삶이 과연 지금일까?" 멈춰서 주위를 둘러보지 않으면 확신할 수 없다. '바쁨'이라는 안경을 쓰고 세상을 바라보기에 시야가 좁아진 것이다. 그러다 이대로는 안 되겠다 싶을 때 반강제적으로 안경을 벗고 주위를 둘러보게 된다.

걷기를 통해 슬로 라이프를 실현하다

자본주의 사회는 빠른 시간에 더 많이 생산하는 것을 목표로 삼는다. 이런 환경에서는 다른 사람의 처지를 배려하고 양보하면 살아남기가 힘들다. 어느 순간 사람들은 목표에 도달하기 위해 주위를 둘러보지 않고 혼자 빠르게 달린다. 그 결과 물질적으로는 풍요로워졌지만 정신적으로는 더 가난해졌다. 사랑, 우정, 존경 등과 같이 삶의 보람을 이루는 것들은 빠른 시간에 만들어지지 않는다. 무익함 속에서 천천히 관계를 쌓아가야지만 삶의 보람을 얻을 수 있다.

서명숙 이사장이 30년 만에 서울을 떠나 찾은 산티아고 순례길은 걸은 지 20일까지는 나름 재미있는 여정이었다. 일상에서 벗어난 행복한 순간이었다. 하지만 걷다 보니 반복되는 포도밭과 화강암들이 지겨워졌고 자기 고향 제주가 자꾸 떠올랐다. 어렸을 적 그렇게 촌스럽고 지겨웠던 것들이 새롭게 와닿았다. 동경하던 서울 생활 끝에 동경하던 유럽 여행을 하던 중 고향이 아름다웠다는 것을 깨달았다. 제주로 돌아가면 그 길들을 다시 걸어보고자 마음먹었다. 하지만 순례길 33일째 되는 날 만난 영국 여자는 그녀의 계획을 송두리째 바꿔놓았다. 제주에서 "길을 걸어보자."라고 했던 것이 "길을 만들어보자."가 된 것이다.

그 영국 여자는 걷기를 통해 심신을 치료할 수 있는 이런 길이 스페인에만 있는 것이 아니라 어느 지역마다 있어야 한다고 말했다. 그녀는 자신의 고국인 영국으로 돌아가서 길을 만들겠다고 말했다. 이어서 같이 길을 내보는 것은 어떠냐고 서 이사장에게 권유했다. 한 명은 영국에서, 한 명은 한국에서 길을 만들고 교류하자는 것이었다. 영국 여자는 예전에 한국을 방문한 적이 있었다. 그녀가 한국을 방문했을 때 느낀 것은 '한국은 미친 나라'였다.

"과로와 스트레스를 일삼는 하루를 보내고서는 저녁에는 술로 배틀을 해요. 태어나서부터 죽을 때까지 경쟁하니 녹초가 될 수밖에 없죠."

그녀의 말을 듣고서 이사장은 반박은 못하더라도 변명이라도 하고 싶었다. 한국이 전부 그런 것은 아니라며 부정하고 싶었지만 자신도 수없는 경쟁을 통해 번아웃을 겪었고 그 번아웃은 자신의 과로를 인정하지 않는 것에서 비롯된 것이었다. 서 이사장은 직장을 그만두면서 후배들에게 "나는 내 영혼의 저수지가 다 말라버린 사람이야. 영혼의 우물물이 다 말라버렸어. 옛날에는 영혼의 우물

물이 찰랑찰랑했는데 이제 바닥을 긁으면 소리가 나."라고 말하며 자신의 번아웃을 인정했다.

서 이사장은 걷기의 유익함을 사람들에게 알려주고 싶었다. 그녀는 제주로 돌아가서 길을 내기로 결심했고 그 결과로 탄생한 길이 바로 제주 올레길이다. 올레는 큰길에서 대문으로 이어지는 좁은 골목길을 뜻하는 제주 방언이다. 사람들이 오가던 올레는 빠르게 목적지에 도달하기 위한 도로가 발달하면서 더는 찾지 않는 길이 돼버렸다. 서 이사장은 올레들을 이어서 길을 만들었고 지금도 지속해서 코스를 개발하고 있다.

올레길의 한 코스는 평균 15킬로미터 이내이며 도보로 약 5~6시간이 소요된다. 차를 타고 가면 20분이 채 안 걸리는 거리지만 사람들은 자신만의 속도로 풍경을 감상하며 걷는다. 이 한가로움이 과연 무익한 것이기만 할까? 작가 구본형은 저서 『나는 이렇게 될 것이다』에서 "문화는 심심함에 지친 사람들이 심심함을 이겨내기 위해 만들어낸 놀이라는 생각이 들었다. 심심함이 없으면 창조도 없다. 불행하다고 인식한 사람들만이 변화를 만들어내고 심심한 사람들만이 심심함을 벗어날 수 있다."라고 말했다.

전국에 올레길 열풍이 불고 사람들이 걷기 시작했다. 심심하다는 의미와 일맥상통하게 쓰였던 '느리게'라는 중요한 메시지를 포착한 새로운 문화가 만들어지고 있다.

8. 자아실현
: 나를 위한 해방일지를 쓰다

　산업화 시대를 겪으면서 시장에 제품이 많아지다 보니 소비자의 취향과 눈높이가 까다로워졌다. 하지만 그 까다로운 나만의 기준이 무엇인지 정확히 아는 사람은 많지 않다. 모든 것이 갖춰진 도시에서 수동적인 삶을 살다 보니 자신이 무엇을 좋아하고 무엇을 원하는지 모르게 된다. 그러다 문득 그동안 나는 무엇을 좋은 건지, 왜 좋아야 하는지 자신에게 묻는다. 스트레스 때문이든 자아성찰의 계기를 찾았기 때문이든 간에 어느 날 자신에게 말을 건다. 그리고 지금까지 살아온 삶의 틀에서 벗어나려 한다. 자신만의 '해방일지'를 써보려는 것이다. 가령 규격화된 도시에서 벗어나 시골에서 몸과 마음이 움직이는 대로 살아보려 한다. 누가 시키는 대로 하는 게 아니라 자신이 정말 원하거나 혹은 잘하는 것을 찾으려는 것이다. 이처럼 경제 활동을 하고 있으면서도 하고 싶은 일과 잘하는 일을 찾으려는 것은 자아실현에 대한 욕망 때문이다.

주어진 성공 방정식을 따르지 않고 나답게 살기로 하다

현대 사회에서 '나다움'은 더 이상 부가적인 가치가 아니라 필수적인 가치로 여겨지고 있다. 어떤 이들은 안정된 직장을 떠나 자신이 원하는 일을 택하며 인생을 살아간다. 어떤 이들은 무한경쟁과 피로한 사회에서 벗어나 연고 없는 지역에서 인생 후반전을 시작한다. 그들의 공통점은 주어진 목표나 성공 방정식을 수동적으로 따르지 않고 자신이 선택한 재미와 설렘을 로컬에서 표현한다. 로컬 창업, 시골 생활, 워케이션과 같은 러스틱 라이프는 나다움을 찾는 여정의 한 부분으로 자리 잡고 있다.

서점에 가면 '나다움'에 대한 다양한 관점과 이야기를 담은 책들이 책장 하나를 가득 채우고 있다. 그만큼 많은 사람이 이 주제에 대해 생각하고 있다는 것을 보여준다. 직장에서 일하는 자기 모습이 나답지 못하다고 느껴질 때 안전한 직장을 떠나 나만의 길을 찾아가기로 결심한다. 퇴사하거나 혹은 퇴근 후에 자유로운 영혼으로 'N잡러'가 되어 삶을 조금 더 나다운 방식으로 살아가기 위해 노력하는 것이다. 나다움은 단순히 외적인 특징이 아니다. 자아를 깨닫고 표현하는 과정이다.

"나답게 살겠다."라는 외침은 개인 차원에서만이 아니라 사회적으로도 변화를 일으키고 있다. 예전에는 소외되고 변두리로 여겨진 지역이 이제는 나다움을 추구하는 이들에게 기회의 땅으로 여겨지고 있다. 소외됐던 지방, 골목길, 변두리에서 새로운 활력과 가능성을 찾아내고 있다. 이러한 변화는 단순히 자아를 찾고자 하는 개인 차원을 넘어서 지역사회 전체에 긍정적인 효과를 가져왔다.

직장을 그만두고 로컬에서 창업하는 것도 한 방법일 뿐이다. 어떤 일을 통해 돈을 벌고 살 것인지에 대한 고민은 여전히 중요한 요소다. 하지만 로컬 창업의 본질은 단순히 돈을 버는 것에 있지 않다. 나를 표현할 수 있는 일과 원하는 지역에서 하고 싶은 라이프스타일을 누리는 것이다. 로컬 창업은 나다움을 추구하며 지역 커뮤니티에 이바지하는 의미 있는 선택이다. 그 지역의 특색을 살려 나만의 삶을 가꿀 가능성을 제공하는 동시에 지역경제에 활력을 불어넣어 새로운 활기를 가져올 수 있다.

로컬에서 나다움을 찾는 여정은 돈을 벌고 살아가는 것 이상으로 풍요로운 내적 삶을 추구하는 것이다. 개개인의 이러한 여정은 사회 변화를 이끌고 지역에 활력을 불어넣을 것이다. 단순한 유행에 그치지 않고 미래의 삶의 방식을 모색하는 중요한 단서로 받아들여질 것이다.

젊은이들은 무엇을 하고 싶은지 몰라 무기력에 빠진다

　어른들은 "좋아하는 일을 해라." "하고 싶은 일을 해라." "잘하는 일을 해라."라는 말을 지겨워지도록 하고 젊은이들은 "아직도 하고 싶은 게 뭔지 모르겠어요." "내가 무슨 일을 하고 있는지 모르겠어요."라고 말한다. 인생의 목적지도 의미도 잃어버린 이들은 무기력에 빠져 반복적인 일상만 보내고 있다. 특히 서울에서의 삶이 그러하다. 서울에는 이미 모든 것이 갖춰져 있다. 젊은이들이 뭔가 새롭게 도전해 볼 만한 일을 쉽게 찾을 수가 없다. 자신이 하고자 하는 모든 일은 이미 누군가가 먼저 이뤄 놓았다. 그래서 자신이 하려던 일은 그저 남이 하던 것이나 유행을 뒤쫓는 것에 불과하다. 이런 환경 속에서 하고 싶은 것을 모르는 것은 당연하다.

　우리는 어렸을 때부터 남들이 한다는 이유로 왜 해야 하는지 모르는 공부와 경쟁에 목적 없이 매진했다. 인생의 목적을 묻는 말에 선뜻 대답하지 못하거나 혹은 대기업에 들어가는 것이라 말한다. 하지만 자격증을 취득하거나 대기업에 들어가는 것은 목적이 아니라 목적을 이루기 위한 중간 단계의 목표일뿐이다. 인생의 목적이라고 하기에는 달성 이후에 찾아오는 성취감이 너무나 초라하기 때문이다. 어떤 깨달음이나 삶의 발전을 이룬 것이라고 하기에는 왠지 멋쩍다. "인생의 목적이 무엇인가?"라는 질문은 바꿔 말해 "무엇을 하며 살 것인가?"를 묻는 것이다. 스스로 이 질문을 하고 또 대답할 수 있어야 한다.

꿈의 직장에 들어가기 위해 밤새워 공부하고 대학에 진학해서도 스펙을 쌓았다. 이런 노력과 고생의 과정을 겪으면 언젠가 인생의 목적을 이룰 수 있을 것 같았다. 하지만 그저 직장이라는 커다란 기계의 부품으로 살아갈 뿐 아무런 의미가 없으니 무기력에 빠지게 된다.

니체는 저서 『방랑자와 그 그림자』에서 "사람들의 눈은 가장 높은 봉우리로 천연의 아름다움에 싸여 있다는 관광적인 지식 때문에 몽블랑에만 머무른다. 그래서는 진정한 아름다움을 즐길 수 없다. 지식이 아니라 자신의 눈이 지금 보고 있는 아름다움을 인정하라."라고 말했다. 젊은이들이 무엇을 해야 할지 모르고 방황하고 있는 것은 생산성을 전제로 돈과 명예에 국한되는 선택지 안에서 고민하고 있기 때문이다. 타인이 정한 아름다움의 기준과 지식에서 벗어나 자기 눈으로 아름다움을 봐야 한다.

서울에는 그가 진정으로 원하는 것이 없었다

"다시 돌아올 거였다면 왜 사서 그 고생을 했냐?" 서울에서 고향인 속초로 돌아온 B가 맨 처음 들은 말이었다. 그는 동네에서 촉망받는 소년이었고 대학에서는 우수한 성적으로 장학금을 타기도 했다. 대학 졸업 후에 곧바로 높은 연봉을 받으며 회사에 취직했다. 업무의 강도는 높았지만 본인이 동경한 서울의 라이프스타일을 누릴 수 있을 것이라 기대했던 터라 삶의 만족도는 낮지 않았다. 그는 경쟁의 상위권을 차지하는 방법을 누구보다 잘 알았기에 미래에 대한 걱정이 없었다. 하지만 명문대와 대기업은 그에게 주어진 좀 더 다양한 선택지였을 뿐이지 삶의 안정과 행복을 주는 선택지는 아니었다. 10년간의 직장 생활 끝에 서울을 떠나려는 이유를 묻자 그는 "돈이 인생의 전부라고 믿고 살았는데 지금의 방식으로는 노후를 대비하기에 부족하다고 느꼈어요. 현재의 삶도 안정을 누릴 수 없겠다고 생각했어요."라고 답했다. 애초의 만족감은 10년 만에 사라지고 고된 서울살이와 불투명한 미래에 대한 불안에 시달리게 된 것이다.

고향으로 돌아가는 그의 발걸음은 무겁기만 하다. 어른들은 항상 좋은 성적과 좋은 대학을 강요했다. 취직하고 나서는 "인맥을 넓혀야 한다.""결혼은 이런 사람이랑 해야 한다."라며 인생의 방향을 잡아주려 했다. 이렇게 훈수를 두는 그들은 과연 배움의 귀감이 되는 스승과도 같은 존재일까? 그들이 말하는 것이 진정 행복한 삶으로 이끄는 지혜일까? 니체는 저서 『권력에의 의지』에서 "가짜 교사가 가르치는 것은 모두 가치 판단일 뿐이다. 그들은 인간과 사물에 대한 본질을 어떻게 파악할 것인가에 대해서는 조금도 가르쳐 주지 않았다."라고 말하며 인생의 본질을 모르고 살아가는 것을 비판했다.

여행이 끝나면 원래 있던 곳으로 복귀한다. 여행의 목적은 어떻게 보면 주위를 둘러보다 안전하게 목적지로 돌아오는 것이다. 그에게 서울살이란 긴 여행이었다. 결과적으로 B는 원래 있던 곳으로 돌아왔지만 여행을 통해 자신만의 시각을 갖게 됐고 더욱 명료하게 세상을 바라보게 됐다. 다시 돌아온 지점이 곧 출발점인 셈이다. 서울살이를 통해 원하는 것을 찾지 못했고 좌절과 실패를 겪었지만 그로 인해 어떻게 살아야 할지 배웠다. 단순히 돌아오기만 한게 아니라 한층 더 단단해진 모습으로 돌아온 것이다. 이제 그는 서울이 아니라 속초에서 자신만의 속도로 인생을 개척해나가고자 한다.

자신만의 속도로 자신의 시간을 조절하다

"말은 태어나면 제주로 보내고 사람은 모름지기 한양으로 보내야 한다."라는 속담은 성공한 사람이 되려면 서울의 환경에서 지내야 한다는 말이다. 서울은 성공한 사람들이 모여 있는 곳, 모든 것이 갖춰진 곳이다. 내가 무엇을 좋아하고 원하는지 몰랐던 어렸을 때는 내가 원하는 것이 서울에 있었을지도 모른다. 하지만 "산전수전 다 겪은 뒤에는 한 번쯤 서울에 내가 원하는 것이 남아 있을까?"라는 의문을 품게 된다. 서영주 서가 대표원장도 아마 이런 의문을 품었기에 오랜 서울 생활을 뒤로 하고 고향으로 돌아온 게 아닐까?

고향인 제주로 돌아온 서 원장은 미용 인생의 전성기를 맞이했다. 그녀는 서울에서 미용업계의 대기업이라 불리는 곳에 종사하며 상위 10퍼센트에 들어가는 디자이너의 삶을 살았다. 하지만 동경했던 서울 생활은 예상과 사뭇 달랐다. 그녀는 고민하던 중에 가치관이 맞지 않던 회사에서 퇴사하고 디자이너로서 견문을 넓히기 위해 외국으로 나갔다. 그러나 아쉽게도 갑작스레 맞이한 코로나19로 인해 계획을 접어야 했고 부모님이 계신 제주로 귀국했다.

그녀는 코로나19가 어느 정도 진정되자 다시 출국을 고려했다. 그런데 문득 서울에서의 기억이 떠올랐다. 서울에서 매우 치열하게 살았고 많은 걸 배웠다. 외국에 간다고 해도 그보다 더한 것을 얼마나 배울 수 있을지 의문이 들었다. 앞으로 미용인으로서 커리어를 쌓는 것은 도시가 아니어도 괜찮지 않을까? 오히려 원하는 라이프스타일은 제주에서 실현하기 더 좋지 않을까?

"서울에서의 삶은 시기적으로 누구보다 열정적으로 배워야 할 때여서 더 치열했던 것 같아요. 요즘도 서울에 가서 바삐 움직이는 사람들을 보고 있자면 깨어나는 기분이 들어요. 제주는 반면 한적하고 여유로워요. 제가 스스로 깨어 있지 않으면 한순간에 우물 안 개구리가 돼버리기 딱 쉬운 조건이에요. 직업상 뒤처지거나 변화에 둔하면 안 되죠. 그래서 어느 순간 저 스스로 그걸 놓쳐버릴까 봐 늘 생각하고 저만의 방법으로 해결해 나가죠."

모든 사람이 바라보는 서울을 떠났지만 서 원장은 제주에서 자신만의 삶의 방식을 찾았다. 때로는 너무 낮게 나는 것이 너무 높게 나는 것보다 위험할 수 있다.

낮은 곳에서나 높은 곳에서나 비행하고 있다는 것은 마찬가지이기에 경각심을 갖지 않으면 위험에 빠질 수 있다는 것이다. 치열한 도시에서 벗어나 자연을 가까이하며 긴장감을 풀고 편안함을 느낄 수 있다. 하지만 환경이 편해지면 무모한 도전을 피하고 우리가 갖고 있는 잠재력을 발휘하지 못하게 된다. 안전한 환경에서는 도전적이거나 무모한 행동을 하기 꺼리는 인간의 심리적 특성 때문이다.

제주에서 그녀는 너무 높지도 않고 너무 낮지도 않은 '자신만의 높이'에 맞는 라이프스타일을 실현하고 있다. 서울에서는 삶의 속도를 회사에 맞췄지만 제주에서는 오롯이 자신만의 속도로 자신의 시간을 조절하다. 그녀는 10년 안에 제주에서 미용실 순위 상위 1퍼센트 지점과 앞으로는 5호점까지 직영점을 늘리겠다는 포부를 밝혔다. 그녀에게 제주는 '자신을 표현하기 좋은 장소'다.

서 원장과 비슷한 사례를 외국에서도 찾을 수 있다. 도쿄를 떠나 고치현이라는 한계마을로 이주해 크리에이터로서 살고 있는 이케다 하야토 씨는 저서 『시골 빈집에서 행복을 찾다』에서 "나는 고치현에 이주한 뒤로 매우 욕심쟁이가 됐다. 지금 하는 사업을 억 엔 단위로 성장시키고 싶고 앞으로 하고 싶은 일도 무수히 많다. 재미있는 일을 끊임없이 시도하고 싶다."라고 말했다. 모든 것이 갖춰진 도쿄에서 하고 싶은 일을 찾지 못하는 것은 어쩌면 당연했다. 도쿄에서는 경쟁자가 넘치고 공간이 제한되어 있기 때문이다. 지방 이주를 통해 크리에이터로서 창조의 폭을 넓히고 자신의 스몰 비즈니스 아이디어를 실현할 수 있는 고치현은 '존재 증명'을 하기에 적합한 무대다.

하버드대학교의 탈 벤 샤하르 긍정심리학 교수는 고생 끝에 낙이 온다고 믿는 삶의 태도를 채식주의자의 맛없는 음식에 비유했다. 당장 맛있는 음식은 몸에 해로워서 뱉고 쓴 음식은 훗날의 건강을 위해서 참고 먹어야 한다는 것이다. 현대 사회에서 고진감래苦盡甘來는 고통을 감내해야만 마침내 성공할 수 있다는 삶의 철학으로 받아들여진다. 그렇다면 당장 행복과 안정을 누릴 수는 없는 것일까? 지금의 행복과 안정을 누리는 것 자체가 훗날의 성공을 위한 거름이 될 수 없을까? "고통을 감내해야 행복할 수 있다."라고 믿는 것이 아니라 "지금 삶이 행복하므로 성공할 것이다."라는 믿음이 필요하다.

고진감래의 신념을 갖고 있는 이들에게 채식주의자란 '건강을 위해 맛없는 음식을 먹는 사람'으로 보인다. 하지만 채식주의자들이 훗날 건강만을 위해 채식을 하는 것일까? 물론 그런 이들도 있겠지만 대부분 채식주의자는 식사를 통해 만족감을 느낀다. 그들에게 채식이란 불편함을 감수하고 맛없는 음식을 먹는다는 고통을 감내하는 일이 아니다. 본인이 선택한 건강한 재료와 조리 과정의

즐거움을 통해 만찬을 즐기는 것이다. 건강에 목표를 두되 과정을 즐긴다면 건강과 삶의 만족 모두 얻을 수 있을 것이다.

산에 오르는 사람은 계단의 숫자를 세지 않는다. 산을 오르는 목적이 계단 수를 세는 것과 단순히 정상에 오르는 것이라면 그 과정은 즐겁지 않다. 끝없이 펼쳐진 계단을 바라보고 있자면 숨이 턱턱 막힐 것이다. 산을 오르는 이유는 정상을 향해 가면서 주변에 펼쳐진 자연을 만끽하고 동행한 사람과 대화를 나누며 소소한 만족감을 느끼는 것에 있기 때문이다. 정상에 도달했을 때 느끼는 성취감은 과정을 즐기면서 마침내 원하는 목표에 도달했다는 만족감에서 오는 것이다.

삶에 고통과 즐거움은 공존한다. 그런데 고통은 무조건 참아야 하는 것으로 받아들인다. 건강을 위한 채식과 정상에 오르기 위한 걸음을 모두 고통으로 받아들인다. 이렇게 되면 식사 시간과 계단을 오르는 순간이 괴롭기만 하다. 끼니가 모여서 하루가 되고 계단이 모여 산이 되는 것처럼 순간들이 모인 것이 삶이다. 삶의 만족감은 결과만이 아니라 과정에서도 느낄 수 있어야 한다. 고통을 감수해야 성공하는 것이 아니라 과정이 즐거우므로 성공하는 것이다.

3장
당신도 로컬 라이프 할 수 있습니다

1. 로컬 라이프라는 이상 현실화하기
: 로컬 라이프를 계획하기 전 되짚어보자

미디어가 과장한 낭만과 환상에 속지 말자

도시의 대안적인 삶, 공동체의 가치, 그리고 개인의 만족과 행복에 관해 다룬 서적과 미디어는 대개 로컬을 로맨틱하고 이상적인 곳으로 그린다. 로컬에 대한 매체의 미화는 가끔 파리 증후군을 일으킬 정도로 현실과의 괴리감을 가져올 수 있다. 과거 파리를 여행하는 일본인들이 현지에 적응하지 못하고 급성 우울증과 환각 증상을 호소하는 일이 발생한 적이 있다. 이러한 증상을 두고 프랑스에 거주하는 일본인 정신과 의사 오타 히로아키는 '파리 증후군'이라 불렀다. 지저분한 거리가 주는 당혹감과 소매치기에 대한 불안감으로 긴장의 끈을 놓을 수 없던 일본 여행객들은 파리의 여정을 후회했다. 파리의 낭만적인 모습을 동경했지만 전혀 다른 현실에 문화 충격을 느껴 크게 실망하게 된 것이다.

미디어가 로컬의 이상적인 면모만을 강조하는 문제는 예상보다 훨씬 심각하다. 미디어가 편집한 이상화된 면모에 기대를 걸고 로컬에서 창업이나 삶의 전환을 시도하다가 현실과의 괴리로 인해 큰 어려움을 겪는 경우가 많다. 이러한 경험은 결국 '역시 지방은 낙후되고 수준이 낮다.'라는 편견을 강화하고 도시와 지방 간의 격차를 확대한다. 양극화와 부정적인 편견이 서로 강화되어 지역 커뮤니티의 발전을 막는 악순환을 만들어 낸다.

은퇴 후에는 지역에서 농사를 지어서 우수한 품질의 작물을 생산해 내면 제2의 전성기를 맞이할 수 있을까? 물론 품질 좋은 작물을 재배하는 것은 중요하지만 그것만으로는 충분하지 않다. 품질 좋은 작물은 농사의 기본일 뿐이다. 연륜 있는 농부들의 노하우를 전수한다 해도 평생을 도시에서 살아서 흙 한 번 제대로 만져보지 못한 사람이라면 그 길은 전혀 쉽지 않다.

중소기업벤처부에서 발표한 「창업기업 생존율 현황」 자료에 따르면 창업기업의 5년 후 폐업률은 전체적으로 66.2%에 이른다. 이 중에서 숙박·음식점업은 더 높은 수치인 77.2%를 기록하고 있다.[31] 다양한 지역과 다양한 산업 분야에서 창업한 기업들이 안정적으로 운영되기 어려운 상황임을 보여주고 있다. 단순히 낭만만을 갖고서 지역으로 이주해 창업하고 농사지으며 살기에는 현실적인 어려움이 따른다.

　재택근무를 떠올리면 원하는 환경에서 자신이 좋아하는 일을 하고 있으니 지치지 않을 것 같다. 그렇게 의욕 넘치게 일에 열중하던 사람이 어찌 된 일인지 일과 삶의 경계에서 헤어 나오지 못해 번아웃에 빠지곤 한다. 재택근무의 본질은 효율적인 노동환경 조성인데 편안한 집과 원하는 환경에서 번아웃에 빠진다는 것이 아이러니하다. 재택근무로 인해 출퇴근 시간이 없어지고 집에서 편안한 복장으로 일하고 상사의 간섭 없이 편하게 일할 수 있다는 이상을 품게 된다. 이상의 현실화는 딱 그 정도다. 업무 성격과 강도는 변하지 않고 환경만 달라졌을 뿐이다.

　이러한 사례들로 보건대 미디어가 그린 로컬에서의 낭만은 거짓말이고 로컬은 가망이 없다고 말하려는 것이 아니다. 오히려 현실적이고 냉철한 고민을 통해 로컬에 정착할 가능성이 크다고 말할 수 있다. 현시대에 로컬 트렌드 열풍은 MZ세대가 만들어낸 반짝하고 사라질 트렌드가 아닌 것은 분명하다. 다양한 세대와 직업에 속한 사람들이 로컬에 대해 고민하고 도전하고 있다. 이를 통해 실패와 성공을 경험하며 로컬을 더 나은 곳으로 만들어나가고 있다. 이제 로컬은 단순히 관광과 휴양의 장소를 넘어 노동환경과 일상의 질을 향상하는 중심 지점으로 부상할 것이다.

남의 삶을 모방하지 말고 현실을 냉정히 직시하자

현대 사회에서 일어나고 있는 다양한 로컬에서의 라이프스타일의 형태를 살펴보며 로컬에 대한 흥미가 생겼을 수도 있고 누군가는 직접 로컬에서 살아보기를 고려할지도 모른다. 갑자기 로컬이 풍부한 기회의 땅으로 보일 수도 있고 낭만적인 피난처로 느껴질 수도 있다. 그러나 남의 삶을 모방하면서 자신이 진정으로 원하는 삶인지 고민하지 않는 것은 피해야 한다. 선택의 갈림길에서 자신만의 길을 찾는 것이 중요하며 현실적인 판단과 고민이 필요하다.

남은 인생을 왜 남이 살아온 대로 살아가려 하는가. 정말로 자신이 그런 삶을 좋아하는지도 모르면서 말이다. 귀촌이 유행이라면 시골에 기웃거리고 귀농이 대박 아이템이라는 말에 생전 흙도 만져본 적 없는 사람이 낯선 작물에 손을 대기도 한다. 잘 해낼 자신이 없다는 것을 알면서도 상술 좋은 말에 넘어가 조종당하기도 한다. 왜 그럴까? 콘크리트 정글에서 벗어나고 싶은 녹색 갈증과 일상에 지친 마음으로 인해 로컬에서의 삶이 이상적으로 느껴지기 때문이다. 그런 상황에서는 객관적인 판단이 어려울 뿐만 아니라 러스틱 라이프로의 도피가 답으로 느껴질 수 있다.

책장이 얼마 남지 않은 시점에서 인제 와서 딴소리한다고 느낄 수도 있다. 로컬에 뿌리내리기는 단순한 이론을 따르거나 남의 인생을 흉내 내기로는 어렵다. 오히려 현실적인 고민과 냉정한 판단이 로컬에서 성공적으로 뿌리내리기 위한 필수적인 가이드가 될 것이다. 한 달 동안 거점을 옮기거나 오도이촌의 경험은 좋은 시작이 될 수 있다. 더 나아가 거점에서 사계절을 지내면서 지역주민들과 소통해 보는 시도를 한다면 더 좋을 것이다.

물론 정보 수집 없이 실천하는 것보다는 흉내라도 내는 것이 성공 확률이 높을 수 있다. 하지만 성급함이 문제다. 국내 성공 사례와 해외에서는 성공했지만 아직 국내에는 유행이 퍼지지 않은 것을 무작정 모방하여 자신에게 적용하는 것이 문제다. 좋게 풀리면 다행이지만 실패하면 현실과의 괴리감을 느끼게 될 것이다. 실패의 이유를 지역의 한계나 수준으로 돌릴 수도 있다. 따라서 국내외 성공 사례를 모방하기 전에 자신의 상황과 경험을 바탕으로 심도 있게 고려해야 한다.

「삼시세끼」「리틀 포레스트」「나는 자연인이다」와 같은 방송 프로그램은 모두 도시에서 벗어나 자연에서 적응하는 어려움과 그 안에서 생겨나는 소소한 행복과 즐거움을 다루고 있다. 러스틱 라이프는 낭만적이기만 한 것이 아니라 어려움도 포함하고 있기에 그 빛이 더 돋보인다. 지방 도시는 수도권에 묻히지 않고 자신만의 매력을 가지고 있기에 낭만을 실현하려는 의도도 중요하다. 그러나 현실적인 고민을 통해 로컬에서 성공적으로 뿌리를 내릴 수 있는 방법을 찾는 것은 더 중요하다. 도시와 자연, 직장과 농사는 모두 삶의 일부다. 도시를 떠나 어디에서 살든 불편함과 고단함은 피할 수 없을 것이다. 그럼에도 로컬에 단단하게 뿌리내릴 수 있을 것이다.

로컬 라이프의 성공은 운이 아니라 노력의 결과다

직장을 다니며 귀촌을 꿈꾸는 이들은 "한적한 시골에서 소박하게 농사나 지으면서 살고 싶다."라고 말한다. 도시를 벗어나 시골에서 산다면 농사를 지으며 살아야 할 텐데 제대로 흙을 만져본 적도 없을뿐더러 농사지을 엄두가 나질 않는다. 사실 시골에서 소박하게 텃밭을 가꾸고 가축을 길러 자급자족하며 살 수 있다. 농사가 아니어도 먹고살 방도는 많다. 중요한 것은 다니고 있는 직장을 떠나면 무엇을 해야 할지 모른다는 것이다. 도시와 직장을 떠나지 못하는 이유는 농사를 지어본 적이 없어서가 아니다. '어떻게 살아야 할지'에 질문에 대한 명확한 답을 찾지 못해서다.

많은 사람이 로망하는 라이프스타일로 세계 여행과 전원생활을 언급한다. 로망하는 노동환경은 어디에서나 일을 할 수 있는 워케이션과 재택근무를 언급한다. 그렇다면 누구나 세계 여행을 떠나 어디에서나 자유롭게 일할 수 있다면 번아웃과 불안으로부터 탈피해 새사람으로 살 수 있을까? 파리에 대한 이상만을 품고 떠난 이들은 '파리 증후군'을 겪었다. 워라밸을 외치던 이들에게 재택근무가 주어지자 이제는 일과 삶의 경계를 나누고 싶다며 이전의 일상으로 돌아가고 싶어 한다. 우리는 종종 좋은 의도로 도입된 제도들의 본질을 이해하지 못하고 활용하지 못한다. '변화'는 변화를 수용할 준비가 얼마나 되어 있느냐에 달렸다.

은퇴 후 귀촌해야만 자기 삶에 만족하면서 지낼 수 있을까? 귀촌을 통해 홀로 설 수 있다고 착각하는 것은 아닐까? 은퇴할 때까지 왜 일해야 하는지 모르는 경우가 많다. 정년 은퇴를 하고 직장을 떠나 귀촌을 통해 반자립적인 홀로서기를 시도한다. 반자립적인 홀로서기를 하는 사람은 은퇴 후 제2의 인생이 아니라 기대와 이상이 연달아 무너지는 현실을 맞이하게 된다. 홀로서기의 시간을 무시하면 귀촌은 더 이상 낭만이 아니라 세상으로부터 도피가 된다.

귀촌하면 무엇을 하고 살 것인지 생각해야 한다. '은퇴하고 천천히 쉬면서 이것저것 해보면서 찾아보겠다.' '일하느라 못 가본 해외여행을 통해 자아를 찾아보겠다.'라는 등의 말들은 은퇴를 맞이하는 동안 홀로 설 준비가 안 됐다는 것이다. 단순히 시골의 맑은 공기 속에서 귀촌 교과서만을 따르겠다면 실패할 확률이 높다. 우리가 은퇴와 귀촌을 망설이는 이유는 정작 무엇을 해야 할지 몰라서다. 조기 은퇴와 제2의 인생은 어쩌면 멀지 않은 곳에 있을 것이다.

로컬에서 만족하며 사는 이들은 "우연이었다." 또는 "운이 좋았다."라는 표현을 자주 한다. 겸손한 자세에서 나온 말처럼 들릴 수 있다. 하지만 그들의 배경을 자세히 들여다보면 절대 운이 아님을 알 수 있다. 자신만의 경험과 지식을 적절히 결합하여 기회를 찾아

내기 위해 노력했다. 운이라는 우연이 아니라 계획과 노력의 결과
로써 좋은 결과를 끌어낸 것이다. 이들은 주변의 경험을 근거로 삼
아 의미를 찾아내고 판단한다. 운이 아니라 단서와 경험을 결합하
여 선택하고 그 선택이 좋은 결과로 이어질 때 운이 좋았다고 말하
는 것이다.

2. 러스틱 라이프의 진정한 본질 깨닫기
: 제대로 알아야 즐길 수 있다

러스틱 라이프는 모든 세대의 라이프스타일이다

시오미 나오키는 책을 읽던 중 '반농반저'에서 영감을 얻어 『반농반X』라는 책을 집필했다. '반농반저'란 생활의 반은 농사를 짓고 나머지 반은 글을 쓰는 방식으로 사회에 공헌하는 것이다. 처음에 시오미 나오키는 집필이라는 재주가 없었기에 본인과는 무관한 라이프스타일이라고 생각했다. 그러다 문득 '반농반저'의 '저' 대신에 'X'를 대입해 본인만의 라이프스타일을 찾았다. 시오미 나오키는 삶에 있어서 필요한 최소한의 농업과 본인의 타고난 재능을 통해 사회에 공헌하는 X라 칭했다. '반농반X'의 열풍이 일본에서 불고 있다면 지금 한국에서는 '러스틱 라이프' 열풍이 불고 있다.

어떤 이는 지방이 '자본주의의 미개척지'라며 평범한 콘텐츠가 대부분인 도시를 벗어나 지방에서 크리에이터의 삶을 택하기도 한다. 이들 크리에이터는 한적한 시골에서 농사를 짓거나 방파제에서 해루질한다. 시골의 아름다운 풍경이나 일과가 끝난 후 마당에서 사람들과 파티하는 듀얼라이프를 영상으로 보여준다. 이런 영상을 보는 독자들은 도시에서는 쉽게 접할 수 없는 러스틱 라이프에 빠져든다. 러스틱 라이프는 크리에이터나 고향이 지방과 시골인 사람들만이 접목할 수 있는 라이프스타일일까?

직업이 크리에이터가 아니고 고향이 시골이 아니어도 러스틱 라이프를 실현할 수 있다. 『트렌드 코리아 2022』는 "러스틱 라이프 트렌드는 나라의 균형 발전이라는 양적인 기회를 줄 뿐만 아니라 한국 사회의 행복 질을 한 단계 높이는 질적 계기가 될 것"이라고 기대했다. 이제 러스틱 라이프는 크리에이터뿐만 아니라 모든 사람이 실현할 수 있고 이를 통해 사회적 선순환 구조에 동참할 수 있다. 남들이 시켜서가 아니라 내가 원하는 것을 사소한 것부터 찾고 실행하는 것이다.

'반농반X'의 중요한 시사점은 삶에서 최소한의 자연 속에서 자신만의 삶을 꾸려나가는 것이다. 그랜드캐니언과 같은 장엄한 대자연에서 영감을 얻어 일상을 재건하고자 하는 이들도 있다. 그러나 누구나 대자연을 만끽하며 장기적인 쉼을 가질 순 없다. 반면에 어떤 이는 사무실에 작은 화초를 놓고 퇴근 후에는 나무로 둘러싸인 울창한 산책로를 걸으며 안정을 취한다. 러스틱 라이프는 후자에 가깝다. 최소한의 자연 속에서 본인만의 라이프스타일을 적용하며 사회적 활동을 유지하는 것이다.

과거에는 은퇴 후에 로컬 생활을 즐기는 것이 일반적이었다. 하지만 현재는 직장 생활의 절정기에도 로컬로 향하는 추세가 강해졌다. 러스틱 라이프를 추구하는 움직임은 직업이나 세대에 구애받지 않고 퍼져나가고 있다. 러스틱 라이프를 추구하는 이들은 삶의 속도와 방향을 능동적으로 조절하고 있다. 이러한 흐름 속에서 로컬이 품은 미래의 가능성을 사업으로 찾아내는 것은 정말로 두근두근하면서 동시에 흥미로운 일이다. '나'를 중심으로 한 시대에서 로컬 지향은 주체적인 삶을 추구하는 의지의 표현이다. 이 시대적인 흐름은 우리의 산업뿐만 아니라 우리의 삶을 더욱 다채롭고 풍요롭게 만들어 갈 것으로 기대한다.

로컬 라이프는 자존감을 찾아가는 과정이다

로컬 푸드, 로컬 맛집, 로컬 크리에이터 등 최근 로컬은 다양한 분야에서 주목받고 있으며 로컬 콘텐츠를 기반으로 창업하는 이들이 증가하고 있다. 그렇다면 '로컬'의 의미는 무엇일까? 로컬의 사전적 정의를 살펴보면 '(현재 얘기되고 있거나 자신이 살고 있는 특정) 지역의 혹은 현재의'라는 뜻이 담겨 있다. 많은 사람이 로컬이라고 하면 주로 수도권 아래에 있는 지방 도시, 시골, 변두리를 떠올리곤 한다. 그러나 로컬은 단순히 지리적인 범위를 넘어서 우리가 일상적으로 생활하는 특정 지역 또는 모든 생활권을 의미한다.

수도권 내에서 몇 킬로미터 떨어져 있어야 로컬이 아니라는 것이다. 로컬은 우리가 살아가는 모든 공간과 관련이 있다. 서울의 골목길과 특정 동네가 가진 지역성도 모두 로컬을 상징한다. 지방이라고 해서 수도권에 종속되는 것이 아니라 모든 것이 로컬의 범주에 속한다고 볼 수 있다. 로컬은 지리적인 제한을 넘어서 우리의 일상과 밀접한 관련이 있는 개념으로 자리 잡고 있다. 이러한 로컬의 개념을 이해하는 것은 창업가나 소비자뿐만 아니라 우리 모두에게 중요하다.

로컬에서 콘텐츠를 생산하는 로컬 크리에이터나 로컬에서 창업하는 이들은 단순히 자연 또는 지방의 월세가 저렴한 곳으로 향하는 것이 아니라 나름의 스토리와 자원이 있는 공간으로 향한다. 그곳에서 기존에 존재하는 자원에 지역성과 자신의 창의력을 융합하여 공간을 재구성한다. 예를 들어 도시에서 술을 마시거나 책을 볼 수 있는 공간은 많다. 정인성 대표의 '책바'는 술을 마시면서 책을 읽거나 글을 쓰는 등의 다양한 활동을 즐길 수 있는 곳으로 술을 문학이나 예술과 접목하여 풍부한 경험을 제공한다. 새로운 취향과 라이프스타일을 제안하는 공간으로서 큰 인기를 끌고 있다.

'서피비치'는 강원도의 자연적인 아름다움에 서핑이라는 이국적인 요소를 더해 복합 문화 공간을 제공함으로써 이제는 양양을 언급하면 자연스럽게 떠오르는 지역 대표 앵커스토어로 자리매김했다. 이렇게 로컬 자원을 창조적으로 활용하는 것은 단순히 모방하는 것에 그치지 않고 지방과 자연의 독특한 맥락을 존중하면서도 새로운 가치를 창출하는 것이다. 지방과 자연에 막대한 돈을 들여 도시의 것을 모방해 고치고 반짝하는 마케팅으로 효과를 보는 일회성은 로컬답다고 할 수 없다. 기존 공간과 자연을 기반으로 새로운 시도와 창조를 통해 고유한 로컬 자원을 만들어내야 한다.

사실 '로컬'과 '러스틱 라이프'라는 용어가 사용되기 이전에도 지역에서 창업하거나 다른 지역으로 이주하여 생활하는 경우가 빈번하게 있었다. 그럼에도 '로컬'과 '러스틱 라이프'라는 용어를 채택한 이유는 지방 도시와 개인이 자기다움을 발견하고자 하는 욕망과 자존감을 찾기 위함이다. 단순한 용어 선택 이상의 의미를 지니고 있다. '로컬'과 '러스틱 라이프'는 지역사회와 개인이 현대 사회의 편견과 속박에서 벗어나며 자신만의 삶을 찾아가는 과정에서 중요한 상징이다. 로컬과 러스틱 라이프가 지속가능한 삶을 추구하는 과정에서 특유의 가치를 부여하기 때문이다. 로컬 지향은 더 나은 미래를 위한 지속가능한 삶의 방식을 상징적으로 나타낸다. 그래서 이러한 삶의 방식을 '러스틱 라이프'라고 표현하기로 한 것이다.

러스틱 라이프는 상생과 로컬 발전의 열쇠다

로컬 생태계에서 로컬 사업과 로컬 간의 상호작용은 다양한 모습을 보인다. 양쪽이 서로에게 이익이 되는 협력 모델도 있다. 반면에 다른 한쪽은 봉사에 그치는 경우가 있다. 로컬로 이주해 적응하기 위해 주민들에게 먼저 손을 내밀며 다가갈 수 있다. 초기의 도움이 어느새 당연한 봉사로 여겨지는 경우가 많아져 당연시되면 거뷰할 때 부정적 이미지를 줄 수 있다. 골목상권도 마찬가지다. 유휴공간의 저렴한 월세를 보고 들어온 상가가 잘되면 월세를 갑자기 올려버려 세입자를 내쫓는 경우가 발생한다. 방치된 상가였지만 상권이 살아나자 임대인은 높은 임대료를 받을 수 있게 된다. 재주는 곰이 부리고 주인만 돈을 버는 셈이다. 골목상권의 지속가능한 성장을 위해서는 상생과 협력이 강조되는 구조가 필요하다.

모종린 교수는 저서 『골목길 자본론』에서 골목상권의 발전 과정을 여섯 가지로 세분화하여 C-READI로 정의하고 있다. '문화자원Culture'이 풍부하고 '임대료Rent'가 싼 지역에 첫 가게가 들어서며 상권이 시작된다. 처음 문을 연 가게가 흥행하자 다른 가게들이 상권을 형성한다. 유리한 '접근성Access', 매력적인 '공간Design', 주인의 '정체성Identity'이 담긴 가게들이 모여 머물고 싶은 골목길로 발전하는 것이다.[32]

하지만 이러한 발전을 가로막는 가장 현실적이면서도 동시에 어려운 과제 중 하나가 바로 젠트리피케이션이다. 젠트리피케이션은 갑자기 지역이 성장하고 소비가 활성화되면서 나타나는 현상이다. 젊은 로컬 창업가들은 자본이 많지 않기 때문에 비교적 인적이 드문 골목길이나 유휴공간을 활용하여 자신의 정체성을 펼친다. 그러다 골목상권이 번창하게 되면 주변 지역의 임대료가 상승하고 초기에는 저렴했던 임대료가 높아지는 등의 문제가 발생한다. 초기 로컬 창업자들은 자본 부족과 경제 압박에 직면하여 다시 유목민이 되거나 직장으로 돌아가야 하는 실망스러운 고민에 빠지게 된다.

젠트리피케이션은 불가피한 현상이다. 하지만 이를 지속가능한 방향으로 이끌어가는 것이 중요하다. 임대인은 단기적인 수익보다는 장기적인 가치를 고려해야 한다. 상권을 이루고 있던 사람들이 떠나게 되면 슬럼화가 되어 또다시 악순환이 반복된다. 골목상권은 다양한 주체들이 함께 노력하고 협력해야만 지속가능한 발전을 할 수 있다. 이는 임대인, 창업자, 지역주민 등 모든 이해관계자가 함께 노력해야만 가능한 일이다. 정체성을 기반으로 창업하고 콘텐츠를 만드는 이들을 응원하며 상생하는 로컬을 기대해 본다. 물론 어려운 일일 것을 알지만 우리 사회가 다양한 모습으로 성장하고 발전하기 위한 필연적인 도전이다.

에필로그

바람이 분다, 떠나자

어디로 가는지가 중요하다

이제는 단순히 잘 먹고 잘사는 것만이 문제가 아니다. 어떻게 해야 잘 먹고 무엇을 하며 사는 것이 정말로 잘 사는 것인지에 대한 해답을 스스로 찾아가려는 노력에 관심이 쏠리고 격려하는 시대가 도래했다. U턴, J턴, I턴 그밖에 로컬로 향하는 모든 형태의 움직임은 수동적인 삶을 벗어나 다방면으로 도전하는 다양한 라이프스타일과 창업으로 나타난다. 지역주민이나 소비자들은 그들이 제안하는 라이프스타일과 새로운 사업에 관심을 두고 저마다의 방식으로 동참하며 응원하고 있다.

로컬로 이주한 이들에게 혹은 로컬에서 창업한 이들에게 왜 이곳으로 왔고 왜 이런 일을 하는지 물으면 '우연' 혹은 '이끌림'이라고 말하기도 한다. 이제 막 로컬에 흥미를 갖고 준비하는 사람이나 로컬을 연구하는 사람에게는 허무맹랑한 이야기로 들릴 수 있다. 그러나 그들의 내면을 들여다보면 절대 우연이 아니었음을 파악할 수 있다. 로컬로 이주를 결심한 데는 많은 고민의 시간이 있었고 지난날의 경험이 있었다. 그러다 문득 인생의 전환기를 겪고 나서야 우연이나 알 수 없는 이끌림이었다고 넌지시 말한다.

로컬에서 과거와 다른 형태의 삶을 살기 위해서는 어떤 접근이 필요한가? 로컬의 미래는 사람으로부터 시작돼야 한다. 개개인의 요구와 가치를 이해하고 존중함으로써 지역 자체가 발전하는 기반을 마련하는 것이 중요하다. 이는 곧 커뮤니티를 중심으로 한 형태의 발전을 의미한다. 지혜롭게 지역 자원을 활용하고 지역사회와 소통하며 다양한 도전과 성과를 통해 경험 자산을 쌓고 그것을 바탕으로 새로운 시도를 하는 선순환 구조가 만들어져야 한다. 로컬의 미래는 어디에서 왔는지가 아니라 어디로 향하는지에 달려 있다. 사람 중심과 커뮤니티 중심의 발전은 로컬이 미래에 더 나은 곳으로 향하도록 이끌 것이다.

무한경쟁에 피로한 현대 사회에서 삶의 방향을 찾지 못한 이들과 더 나은 삶을 살고자 하는 이들은 과거에 지방, 시골, 촌에 머물러 있던 로컬에 러스틱 라이프라는 새로운 바람을 불어 넣고 있다. 이러한 시도들은 단순히 지방 소멸을 막고 로컬의 지위를 격상하는 것만을 목표로 하는 것이 아니다. 과거에 굳건하게 자리 잡고 있던 성장 방식의 한계를 물으며 새로운 방식의 성장 가능성을 제시하려는 시도다. 지방에서의 삶은 새로운 가능성을 제시하며 과거의 경제적인 제약에서 벗어나 자연과 함께하는 라이프스타일을 추구하게 했다. 이로써 로컬은 단순한 안식처가 아니라 혁신과 창의성이 넘치는 공간으로 탈바꿈하고 있다.

로컬은 더 이상 도시들에 뒤처지고 퇴보하는 모습을 연상시키지 않는다. 이제 로컬은 자신만의 독특한 매력과 잠재력을 되찾고자 움직이기 시작했다. 과거의 그늘에서 벗어나 새로운 삶의 방식을 찾는 이들은 로컬을 다시 생명력 넘치는 곳으로 만들어나가고 있다. 이러한 선택은 거주지 이전을 넘어 지역 커뮤니티에 참여하고 이바지하는 모습으로 나타난다. 로컬은 고요하게 자리하고 있음에도 그 안에서 다양한 삶의 의미와 가치가 피어나고 있다. 앞으로 더 많은 사람이 로컬을 선택하고 지역사회와 함께 성장하는 미래를 기대한다.

아무도 우리를 속박하지 않는다

퇴근하면 멍하니 텔레비전을 보고 있거나 스마트폰으로 무기력하게 SNS 스크롤을 내릴 힘밖에 남아 있지 않다. 디지털 기기에 중독된 것은 아닌가 하며 디지털 디톡스를 시도한다. 하지만 디지털 디톡스 같은 소극적인 변화는 무기력과 피폐해진 삶을 재건할 수 있는 원동력이 되지 못한다. 스마트폰을 내려놓는다고 해서 삶이

극적으로 변하지 않는다. 그보다 적극적인 개선이 요구된다. 무기력에서 벗어나는 가장 효과적인 방법은 주어진 환경을 좀 더 적극적으로 바꾸는 것이다.

망가진 노동환경 속에서 직장을 그만두지 못하고 버티고 있는 것도, 마음 편히 휴식하지 못하고 있는 것도, 귀촌을 망설이는 것도 본인의 통제로 이뤄진다. 아무도 우리를 속박하지 않는다. 우리는 자신을 속박하고 있다. 그렇다면 주어진 환경에서 벗어나지 못하도록 스스로 발을 묶게 하는 것은 무엇일까? 미래에 대한 두려움일까? 당장 일을 그만두면 내 부재로 인해 남에게 피해가 간다는 죄책감일까? "여기가 아니면 안 되겠지." "이곳을 벗어나면 고생길이야."라고 스스로 겁을 주며 자신을 속박한다. 물론 갑자기 환경을 바꾼다는 게 말처럼 쉽지 않다. 여러 실패와 좌절을 겪다 보니 도전이 두려워져 주저하게 된다.

반복되는 무료함과 익숙함이 지겨워 환경을 바꿔보려고 하지만 잦은 변화는 싫어한다. 변화는 새로운 것에 대한 호기심과 익숙하지 않은 것에 대한 두려움을 동시에 느끼게 한다. 매너리즘에서 벗어나려면 새로운 환경에서 새로운 감각을 느껴야 하는 것을 알면서도 편안한 집에서 벗어나지 못하는 이유는 두려움 때문이다. 변화의 기회가 주어져도 두려움은 우리를 속박한다. 새로운 것에 두려움을 느끼는 것 또한 자연의 이치다. 초식동물이 단순한 호기심으로 처음 보는 맹수에게 다가갔다가는 잡아먹히게 되는 것처럼 말이다.

그런데 대부분 사람은 새로운 것에 대해 두려움을 느끼는 동시에 설렘도 느낀다. 설렘과 두려움, 안정과 불안 등은 어쩌면 쌍둥이처럼 늘 따라붙는 것인지도 모른다. 그래서 어느 한쪽에 너무 치우쳐 의식하는 것보다 균형을 이루는 게 무엇보다 중요하다.

문득 내면의 새로운 부름을 듣고 삶의 방향을 전환하고자 한다. 새로운 부름을 들었다는 것은 인생을 전환할 시기가 찾아왔다는 것이다. 누구나 인생에서 한 번은 전환기에 놓이게 된다. 정년을 앞둔 직장인, 전역을 앞둔 군인, 자퇴를 고민하는 학생 등은 모두 전환기에 놓여 있다. 어느 날 갑자기 연고도 없는 지역에 거주지를 옮긴다거나 다니고 있던 직장을 그만두고 돌연 사업에 뛰어들곤 한다. 사실 인생은 전환기의 연속이다. 우리는 새로운 변화에 두려움과 설렘을 동시에 느낀다. 변화는 두렵지만 부름에 응답한 직후에는 설렘이 가득하다. 반면에 부름에 응답하지 못하면 삶의 감각이 무뎌지고 무기력에 빠지기도 한다.

사회적 활동을 통해 생계를 유지하는 것은 중요한 문제다. 하지만 그것이 자신을 꼼짝하지 못하게 하는 것은 아닌지 의문을 품어야 한다. 애매한 휴식과 여행은 피로를 극복할 에너지를 주지 못한다. 퇴사를 고민하던 한 직장인이 잠시 머리를 식히고 신중히 생각해 보겠다며 제주행 비행기에 올랐다. 며칠 동안 자연에서 여유를 만끽하다 보니 직장 스트레스로부터 멀어지고 한결 마음이 가벼워졌다. 이대로 돌아가도 충분한 휴식을 했기에 일상을 재건할 수 있을 것 같았다. 그러다 성산 일출봉의 풍경을 마주하자 머릿속 계산이 한 번에 정리되는 듯했다. 그는 다니던 직장을 그만두고 연고도 없는 제주로 귀촌하기로 결심했다.

"돌이켜 보면 그때의 선택은 최고의 선택이었다."라고 말할 수 있는 결정이 있다. 선택에 운이 좋아서 최선의 결과를 가져온 것일까? 니체는 저서 『인간적인 너무나 인간적인』에서 "고귀한 자신과 불현듯 만나는 날이 있다. 평소의 자신이 아니라 좀 더 맑고 고귀한 자기 자신이 지금 이곳에 있다는 것을 은총과도 같이 깨닫는 순간이 있다. 그 순간을 소중히 여겨라."라고 말했다.

부름에 응답하여 제2의 인생을 살고 있는 사람들은 '생존을 위한 선택'이 썩은 동아줄을 잡은 게 아니라 단단한 동아줄을 잡은 것이었다고 말한다. 누구나 한 번쯤 실패할 걸 알면서도 내면의 부름에 응답할 수 있는 용기가 필요하다. 부름에 응답하지 않고 주어진 현실에 순응하며 최선을 다해 살 수도 있다. 하지만 현실 외의 다른 일은 생각하지 못할 것이다. 또 부름에 응답했다고 해서 삶이 저절로 바뀌진 않는다. 부름에 응답해 새로운 것을 마주했을 때 가장 현명한 대처는 '능동적 수용'이다. 긍정적이든 부정적이든 전면적으로 받아들이고 지켜보는 것이다. 어떤 부분에서 긍정과 부정으로 구분했는지 생각해봐야 한다. 가치 판단의 주체는 '나'이기 때문이다. 능동적 수용을 통해 감정에 치우치지 않고 이성적으로 사고한다면 내가 어떤 부름에 이끌려 이곳에 서 있는지 알 수 있을 것이다.

미주

1. 이홍석, "'한옥호텔' 경원재 앰배서더 인천 '대한민국 베스트 탑 호텔' 1위", 헤럴드경제, 2021. 5. 14, http://news.heraldcorp.com/view.php?ud=20210514000204

2. 민다엽, "현지인처럼 살아보자 '경남에서 한 달 여행하기'", 여행스케치, 2022. 3. 22, http://www.ktsketch.co.kr/news/articleView.html?idxno=6988

3. 모종린, 머물고 싶은 동네가 뜬다, 알키, 2021

4. 정인성, "책바: 낭만과 현실 사이, 책과 술을 파는 공간을 만들다", 롱블랙, 2022. 9. 16, https://www.longblack.co/note/416

5. 모종린, 머물고 싶은 동네가 뜬다, 알키, 2021

6. 권오석, "박준규 "로컬 창업 통해 지역인구 소멸 대비 가능해"", 이데일리 전략포럼, 2023. 6. 21, https://esf.edaily.co.kr/2023/kor/MediaNews.asp?menu=0401&number=6489

7. 모종린, 머물고 싶은 동네가 뜬다, 알키, 2021

8. 정희선, 사지 않고 삽니다, 미래의창, 2021

9. 정영효, "주중엔 도쿄·주말은 시골…일본서 뜨는 '듀얼 라이프'", 한경닷컴, 2021. 7. 5, https://www.hankyung.com/international/article/202107056880i

10. 이완기, "일상이 된 재택근무…"코로나19 후 월평균 7배 급증"", 서울경제, 2022. 2. 10, https://www.sedaily.com/NewsVIew/26235IQZA7

11. 정대헌, "식물이 주는 힘, 홈가드닝", 코리아나, 2021년 가을호, https://www.koreana.or.kr/koreana/na/ntt/selectNttInfo.do?nttSn=103521&bbsId=1115

12. 유창욱, "현대모비스 재택근무 1년, 임직원 만족도·인식 살펴보니", 이투데이, 2021. 3. 16, https://www.etoday.co.kr/news/view/2004634

13. https://www.youtube.com/channel/UCqfuzGyGaTrqxSo2A7fjPlg

14. 심은보, "'한국 최초 싱글 몰트 위스키' 맛의 모티브는 제육볶음이다", 하입비스트, 2023. 3. 2, https://hypebeast.kr/2023/2/three-societies-distillery-interview-kiwon-1-whisky-single-malt

15. 박선정, "한국 최초의 싱글몰트 위스키를 꿈꾼다", 월간식당, 2021. 4. 29, https://month.foodbank.co.kr/include/print.php?secIndex=6168

16. https://month.foodbank.co.kr/m/section/section_view.php?mi_num=434&page=1&secIndex=6168&section=004&&newdb=_2007&PHPSESSID=8402ebbf210

5ebe154ae7123f9f7ca200b2

17. 유엄식, "한국은 비싸게 위스키 수입만?…인도 · 타이완도 만드는데, 왜", 머니투데이, 2023. 3. 21, https://news.mt.co.kr/mtview.php?no=2023031014220325584

18. 남혜현, "류승룡 "빈집 재생에 내 이름을 써라"", 일간 바이라인, 2018. 8. 4, https://byline.network/2021/12/21-160/

19. https://www.youtube.com/watch?v=e9mnVV-Yjig

20. 건강보험심사평가원, "최근 5년(2017~2021년) 우울증과 불안장애 진료현황 분석", https://www.hira.or.kr/bbsDummy.do?pgmid=HIRAA020041000100&brdSc nBlt No=4&brdBltNo=10627&pageIndex=1

21. 쓰지 신이치, 슬로라이프, 김향, 디자인하우스, 2018

22. 국토교통부 주택기금과, "위장전입 · 청약통장 매매 · 자격양도 등 부정청약 행위를 상시 점검하여 엄단해 나가겠습니다", 국토교통부, 2021. 1. 4, http://www.molit.go.kr/USR/NEWS/m_71/dtl.jsp?id=95085015

23. 에리히 프롬, 자유로부터의 도피, 김석희, 휴머니스트

24. 야마구치 슈, 철학은 어떻게 삶의 무기가 되는가, 김윤경, 다산초당

25. 최다원, "서울 집 마련 기간 1년 새 3년 넘게 늘어…한 푼 안 써도 17.8년", 한국일보, 2021. 5. 31, https://www.hankookilbo.com/News/Read/A2021053110580000379

26. 네이버 영어사전, the Great Resignation, https://en.dict.naver.com/#/entry/enko/6cd2e27320c5422bbb84505ee6729051

27. 이현식, "[뉴스쉽] 대(大)퇴사의 시대…그들은 왜 사표를 냈나", SBS뉴스, 2021. 10. 30, https://news.sbs.co.kr/news/endPage.do?news_id=N1006515943&plink=ORI&cooper=NATE&plink=COPYPASTE&cooper=SBSNEWSEND

28. 김성호, "떠나는 간호사… 한해 40% 퇴사 병원도 [구멍 뚫린 K의료]", 파이낸셜뉴스, 2021. 6. 15, https://www.fnnews.com/news/202106151229078467

29. 잡코리아, "MZ세대 신입사원 10명 중 3명 입사 1년 안 돼 짐을 쌌다", 잡코리아, 2021. 11. 11, https://www.jobkorea.co.kr/goodjob/tip/view?News_ No=19299&schCtgr=0&TS_XML

30. https://terms.naver.com/entry.naver?docId=2110042&cid=51 011&categoryId=51011

31. 이호준, "창업기업 3곳 중 2곳, 5년 내 문 닫는다", 매일경제, 2023. 10. 3, https://www.mk.co.kr/news/business/10841467

32. 모종린, 골목길 자본론, 다산3.0, 2017

로컬 라이프스타일을 제안하다

힙한 동네, 마을, 시골 이야기

초판 1쇄 인쇄 2024년 8월 19일
초판 1쇄 발행 2024년 8월 26일

지은이 정성욱
펴낸이 안현주

기획 류재운 **편집** 안선영 김재열 **브랜드마케팅** 이승민 이민규 **영업** 안현영
디자인 표지 정태성 **본문** 장덕종

펴낸 곳 클라우드나인　　**출판등록** 2013년 12월 12일(제2013-101호)
주소 우) 03993 서울시 마포구 월드컵북로 4길 82(동교동) 신흥빌딩 3층
전화 02-332-8939　　**팩스** 02-6008-8938
이메일 c9book@naver.com

값 19,000원
ISBN 979-11-92966-90-8 03320